Salzarm genießen

Geschmackvolle Rezepte für ein gesundes Leben

Lukas Fischer

Inhalt

Senfgrün anbraten 12

Pak Choi-Mischung 13

Eine Mischung aus grünen Bohnen und Auberginen 14

Eine Mischung aus Oliven und Artischocken 15

Kurkuma-Paprika-Dip 16

Linsen verteilen 17

Geröstete Walnüsse 18

Cranberry-Quadrate 19

Blumenkohlriegel 20

Schalen für Mandeln und Samen 21

Chips 22

Grünkohl-Dip 23

Rote-Bete-Chips 24

Zucchini-Dip 25

Eine Mischung aus Samen und Äpfeln 26

Kürbispaste 27

Spinatpaste 28

Oliven-Koriander-Salsa 29

Schnittlauch-Rote-Bete-Dip 30

Gurkensalsa 31

Kichererbsen-Dip 32

Olivendip 33

Kokos-Zwiebel-Dip 34

Pinienkerne-Kokos-Dip 35

Rucola-Gurken-Salsa 36

Käse Dip 37

Paprika-Joghurt-Dip 38

Blumenkohlsalsa 39

Garnelenpaste 40

Pfirsichsalsa 41

Karottenchips 42

Spargelhäppchen 43

Gebackene Feigenschalen 44

Kohl- und Garnelensalsa 45

Avocadostücke 46

Zitronendip 47

Süßkartoffel-Dip 48

Bohnensalsa 49

Grüne Bohnen-Salsa 50

Karottenpaste 51

Tomatendip 52

Lachsschalen 53

Tomaten-Mais-Salsa 54

Gebackene Pilze 55

Ausbreitung der Bohne 56

Fenchelsalsa 57

Rosenkohl-Häppchen 58

Balsamico-Walnüsse 59

Radieschenchips 60

Lauch-Garnelen-Salat 61

Lauch-Dip 62

Pfeffersalat	63
Avocadopaste	64
Corn Dip	65
Bohnenriegel	66
Eine Mischung aus Kürbiskernen und Apfelchips	67
Tomaten-Joghurt-Dip	68
Rüben-Cayenne-Schalen	69
Schalen mit Walnüssen und Pekannüssen	70
Petersilien-Lachs-Muffins	71
Squashbälle	72
Käse-Perlzwiebelschalen	73
Brokkoliriegel	74
Ananas-Tomaten-Salsa	75
Puten-Artischocken-Mischung	76
Puten-Oregano-Mischung	78
Orangefarbenes Huhn	79
Knoblauchtruthahn und Pilze	81
Bratpfanne mit Hühnchen und Oliven	82
Balsamico-Truthahn-Pfirsich-Mischung	84
Kokoshuhn und Spinat	85
Hühnchen-Spargel-Mischung	87
Truthahn und cremiger Brokkoli	88
Eine Mischung aus grünen Bohnen mit Hühnchen und Dill	89
Hühnchen und Chili-Zucchini	90
Mischung mit Avocado und Hühnchen	92
Türkiye und Bok Choy	93
Mischung aus Hühnchen und roten Zwiebeln	94

Heißer Truthahn und Reis 96

Zitronen-Lauch und Hühnchen 98

Truthahn mit Wirsingmischung 99

Hähnchen mit Pfefferpilzen 101

Hähnchen-Senf-Sauce 103

Hühnchen-Sellerie-Mischung 104

Limettentruthahn mit neuen Kartoffeln 106

Huhn mit grünem Senf 108

Gebackenes Hähnchen und Äpfel 110

Chipotle-Hähnchen 112

Kräutertruthahn 114

Hähnchen-Ingwer-Sauce 116

Huhn und Mais 117

Curry Türkiye und Quinoa 119

Truthahn und Kümmelpastinaken 120

Putenkichererbsen und Koriander 122

Truthahn mit Bohnen und Oliven 125

Quinoa mit Huhn und Tomaten 126

Piment Chicken Wings 127

Huhn und Zuckerschoten 128

Eine Mischung aus Garnelen und Ananas 129

Lachs und grüne Oliven 130

Lachs und Fenchel 131

Kabeljau und Spargel 132

Gewürzte Garnelen 133

Wolfsbarsch und Tomaten 134

Garnelen und Bohnen 135

Garnelen-Meerrettich-Mischung 136

Garnelen-Estragon-Salat.. 137

Eine Mischung aus Kabeljau und Parmesan 138

Eine Mischung aus Tilapia und roten Zwiebeln 139

Forellensalat 140

Balsamforelle 141

Petersilienlachs.. 142

Forellen-Gemüse-Salat 143

Safranlachs 144

Garnelen-Wassermelonen-Salat 145

Oregano-Salat mit Garnelen und Quinoa 146

Krabbensalat.. 147

Balsamico-Jakobsmuscheln 148

Cremige Flundermischung 149

Eine würzige Mischung aus Lachs und Mango 150

Dill-Garnelen-Mix 151

Lachspastete.. 152

Garnelen mit Artischocken 153

Garnelen mit Zitronensauce 154

Eine Mischung aus Thunfisch und Orange 155

Lachscurry.. 156

Eine Mischung aus Lachs und Karotten 157

Garnelen- und Pinienkernmischung 158

Chili-Kabeljau und grüne Bohnen 159

Knoblauch-Jakobsmuscheln 161

Cremiger Wolfsbarsch-Mix... 162

Eine Mischung aus Wolfsbarsch und Pilzen 163

Lachssuppe 164

Garnelen-Muskatnuss 165

Garnelen- und Blaubeermischung 166

Gebackene Zitronenforelle 167

Schnittlauch-Jakobsmuscheln 168

Thunfischfleischbällchen 169

Bratpfanne mit Lachs 171

Senf-Kabeljau-Mischung 172

Garnelen-Spargel-Mischung 173

Kabeljau und Erbsen 174

Schüsseln mit Garnelen und Muscheln 175

Rezepte für das Dash-Diät-Dessert 176

Minzcreme 177

Himbeerpudding 178

Mandelriegel 179

Gebackene Pfirsichmischung 180

Nusskuchen 181

Apfelkuchen 182

Zimtcreme 183

Cremige Erdbeermischung 184

Brownie mit Nüssen und Vanille 185

Erdbeerkuchen 186

Kakaopudding 188

Vanillecreme mit Muskatnuss 189

Avocadocreme 190

Himbeercreme 191

Wassermelonensalat 192

Eine Mischung aus Kokosnussbirnen 193
Apfelsaft 194
Aprikosengulasch 195
Zitronen-Cantaloupe-Mischung 196
Cremige Rhabarbercreme 197
Ananasschalen 198
Blaubeereintopf 199
Limettenpudding 200
Pfirsichcreme 201
Zimt-Pflaumen-Mischung 202
Chia-Äpfel und Vanille 203
Reis- und Birnenpudding 204
Rhabarbergulasch 205
Rhabarbercreme 206
Blaubeersalat 207
Datteln und Bananencreme 208
Pflaumenmuffins 209
Schalen mit Pflaumen und Rosinen 210
Sonnenblumenkernriegel 211
Schalen mit Brombeeren und Cashewnüssen 212
Orangen- und Mandarinenschalen 213
Kürbiscreme 214
Eine Mischung aus Feigen und Rhabarber 215
Würzige Banane 216
Kakao-Smoothie 217
Bananenriegel 218
Riegel mit grünem Tee und Datteln 220

Haselnusscreme 221

Zitronenkuchen 222

Rosinenriegel... 223

Senfgrün anbraten

Zubereitungszeit: 10 Minuten
Kochzeit: 12 Minuten
Portionen: 4

Zutaten:
- 6 Tassen grüner Senf
- 2 Esslöffel Olivenöl
- 2 Frühlingszwiebeln, gehackt
- ½ Tasse Kokoscreme
- 2 Esslöffel Paprika
- Schwarzer Pfeffer nach Geschmack

Tipps:
1. Eine Pfanne mit Öl bei mittlerer Hitze erhitzen, Zwiebel, Pfeffer und schwarzen Pfeffer hinzufügen, vermischen und 3 Minuten braten.
2. Senf und die restlichen Zutaten hinzufügen, vermischen, weitere 9 Minuten kochen lassen, auf Teller verteilen und als Beilage servieren.

Ernährung: Kalorien 163, Fett 14,8, Ballaststoffe 4,9, Kohlenhydrate 8,3, Protein 3,6

Pak Choi-Mischung

Zubereitungszeit: 10 Minuten
Kochzeit: 12 Minuten
Portionen: 4

Zutaten:
- 1 Esslöffel Avocadoöl
- 1 Esslöffel Balsamico-Essig
- 1 gelbe Zwiebel, gehackt
- 1 Pfund Pak Choi, zerrissen
- 1 Teelöffel Kreuzkümmel, gemahlen
- 1 Esslöffel Kokosnuss-Aminosäuren
- ¼ Tasse natriumarme Gemüsebrühe
- Schwarzer Pfeffer nach Geschmack

Tipps:
1. Eine Pfanne mit Öl bei mittlerer Hitze erhitzen, Zwiebel, Kreuzkümmel und schwarzen Pfeffer hinzufügen, vermischen und 3 Minuten braten.
2. Pak Choi und die restlichen Zutaten hinzufügen, vermischen, weitere 8–9 Minuten kochen lassen, auf Teller verteilen und als Beilage servieren.

Ernährung: Kalorien 38, Fett 0,8, Ballaststoffe 2, Kohlenhydrate 6,5, Protein 2,2

Eine Mischung aus grünen Bohnen und Auberginen

Zubereitungszeit: 4 Minuten
Kochzeit: 40 Minuten
Portionen: 4

Zutaten:
- 1 Pfund grüne Bohnen, geputzt und halbiert
- 1 kleine Aubergine, in große Stücke geschnitten
- 1 gelbe Zwiebel, gehackt
- 2 Esslöffel Olivenöl
- 2 Esslöffel Limettensaft
- 1 Teelöffel geräuchertes Paprikapulver
- ¼ Tasse natriumarme Gemüsebrühe
- Schwarzer Pfeffer nach Geschmack
- ½ Teelöffel Oregano, getrocknet

Tipps:
1. In einem Bräter die grünen Bohnen mit den Auberginen und den restlichen Zutaten vermengen, vermischen, in den Ofen schieben, 40 Minuten bei 200 °C backen, auf Teller verteilen und als Beilage servieren.

Ernährung: Kalorien 141, Fett 7,5, Ballaststoffe 8,9, Kohlenhydrate 19, Protein 3,7

Eine Mischung aus Oliven und Artischocken

Zubereitungszeit: 5 Minuten
Aufheizzeit: 0 Minuten
Portionen: 4

Zutaten:
- 10 Unzen Artischockenherzen aus der Dose, ohne Salzzusatz, abgetropft und halbiert
- 1 Tasse schwarze Oliven, entkernt und in Scheiben geschnitten
- 1 Esslöffel Kapern, abgetropft
- 1 Tasse grüne Oliven, entkernt und in Scheiben geschnitten
- 1 Esslöffel Petersilie, gehackt
- Schwarzer Pfeffer nach Geschmack
- 2 Esslöffel Olivenöl
- 2 Esslöffel Rotweinessig
- 1 Esslöffel Schnittlauch, gehackt

Tipps:
1. In einer Salatschüssel Artischocken mit Oliven und anderen Zutaten vermischen, vermischen und als Beilage servieren.

Ernährung: Kalorien 138, Fett 11, Ballaststoffe 5,1, Kohlenhydrate 10, Protein 2,7

Kurkuma-Paprika-Dip

Zubereitungszeit: 4 Minuten
Kochzeit: 0 Minuten
Portionen: 4

Zutaten:
- 1 Teelöffel Kurkumapulver
- 1 Tasse Kokoscreme
- 14 Unzen roter Pfeffer, ohne Salzzusatz, gehackt
- Saft einer halben Zitrone
- 1 Esslöffel Schnittlauch, gehackt

Tipps:
1. In einem Mixer die Paprika mit Kurkuma und anderen Zutaten außer Schnittlauch vermischen, pulsieren, in Schüsseln füllen und als Snack mit Schnittlauch bestreuen.

Ernährung: Kalorien 183, Fett 14,9, Ballaststoffe 3. Kohlenhydrate 12,7, Protein 3,4

Linsen verteilen

Zubereitungszeit: 5 Minuten
Kochzeit: 0 Minuten
Portionen: 4

Zutaten:

- 14 Unzen Linsen aus der Dose, abgetropft, ohne Salzzusatz, abgespült
- Saft von 1 Zitrone
- 2 Knoblauchzehen, gehackt
- 2 Esslöffel Olivenöl
- ½ Tasse Koriander, gehackt

Tipps:

1. In einem Mixer die Linsen mit dem Öl und den anderen Zutaten vermischen, gut pürieren, in Schüsseln verteilen und als Beilage zu Vorspeisen servieren.

Ernährung: Kalorien 416, Fett 8,2, Ballaststoffe 30,4, Kohlenhydrate 60,4, Protein 25,8

Geröstete Walnüsse

Zubereitungszeit: 5 Minuten
Kochzeit: 15 Minuten
Portionen: 8

Zutaten:
- ½ Teelöffel geräuchertes Paprikapulver
- ½ Teelöffel Chilipulver
- ½ Teelöffel Knoblauchpulver
- 1 Esslöffel Avocadoöl
- Eine Prise Cayennepfeffer
- 14 Unzen Walnüsse

Tipps:
1. Die Walnüsse auf einem mit Backpapier ausgelegten Backblech verteilen, die Paprikaschoten und die restlichen Zutaten dazugeben, vermischen und 15 Minuten bei 200 °C backen.
2. Auf Schüsseln verteilen und als Snack servieren.

Ernährung: Kalorien 311, Fett 29,6, Ballaststoffe 3,6, Kohlenhydrate 5,3, Protein 12

Cranberry-Quadrate

Vorbereitungszeit: 3 Stunden und 5 Minuten

Kochzeit: 0 Minuten
Portionen: 4

Zutaten:
- 2 Unzen Kokoscreme
- 2 Esslöffel Haferflocken
- 2 Esslöffel Kokosflocken, gehackt
- 1 Tasse Preiselbeeren

Tipps:
1. In einem Mixer Haferflocken, Preiselbeeren und andere Zutaten vermischen, gut pürieren und in einer quadratischen Pfanne verteilen.

In Quadrate schneiden und vor dem Servieren 3 Stunden im Kühlschrank lagern.

Ernährung: Kalorien 66, Fett 4,4, Ballaststoffe 1,8, Kohlenhydrate 5,4, Protein 0,8

Blumenkohlriegel

Zubereitungszeit: 10 Minuten
Kochzeit: 30 Minuten
Portionen: 8

Zutaten:
- 2 Tassen Vollkornmehl
- 2 Löffel Backpulver
- Eine Prise schwarzer Pfeffer
- 2 Eier, geschlagen
- 1 Tasse Mandelmilch
- 1 Tasse Blumenkohlröschen, gehackt
- ½ Tasse fettarmer Cheddar-Käse, gehackt

Tipps:
1. In einer Schüssel Mehl, Blumenkohl und die anderen Zutaten vermengen und gut vermischen.
2. Auf einem Backblech verteilen, in den Ofen schieben, 30 Minuten bei 200 Grad Celsius backen, in Riegel schneiden und als Snack servieren.

Ernährung: Kalorien 430, Fett 18,1, Ballaststoffe 3,7, Kohlenhydrate 54, Protein 14,5

Schalen für Mandeln und Samen

Zubereitungszeit: 5 Minuten
Kochzeit: 10 Minuten
Portionen: 4

Zutaten:
- 2 Tassen Mandeln
- ¼ Tasse Kokosnuss, gehackt
- 1 Mango, geschält und gewürfelt
- 1 Tasse Sonnenblumenkerne
- Kochspray

Tipps:
1. Mandeln, Kokosnuss, Mango und Sonnenblumenkerne auf einem Backblech verteilen, mit Kochspray bestreichen, vermischen und 10 Minuten bei 200 °C backen.
2. Auf Schüsseln verteilen und als Snack servieren.

Ernährung: Kalorien 411, Fett 31,8, Ballaststoffe 8,7, Kohlenhydrate 25,8, Protein 13,3

Chips

Zubereitungszeit: 10 Minuten
Kochzeit: 20 Minuten
Portionen: 4

Zutaten:
- 4 goldene Kartoffeln, geschält und in dünne Scheiben geschnitten
- 2 Esslöffel Olivenöl
- 1 Esslöffel Chilipulver
- 1 Teelöffel Paprika
- 1 Esslöffel Schnittlauch, gehackt

Tipps:
1. Die Chips auf einem mit Backpapier ausgelegten Backblech verteilen, das Öl und die restlichen Zutaten hinzufügen, vermischen, in den Ofen schieben und 20 Minuten bei 200 °C backen.
2. Auf Schüsseln verteilen und servieren.

Ernährung: Kalorien 118, Fett 7,4, Ballaststoffe 2,9, Kohlenhydrate 13,4, Protein 1,3

Grünkohl-Dip

Zubereitungszeit: 10 Minuten
Kochzeit: 20 Minuten
Portionen: 4

Zutaten:
- 1 Bund Grünkohlblätter
- 1 Tasse Kokoscreme
- 1 Schalotte, gehackt
- 1 Esslöffel Olivenöl
- 1 Teelöffel Chilipulver
- Eine Prise schwarzer Pfeffer

Tipps:
1. Eine Pfanne mit Öl bei mittlerer Hitze erhitzen, Schalotten hinzufügen, vermischen und 4 Minuten braten.
2. Den Grünkohl und die restlichen Zutaten hinzufügen, zum Kochen bringen und bei mittlerer Hitze 16 Minuten kochen lassen.
3. Mit einem Stabmixer pürieren, in Schüsseln verteilen und als Snack servieren.

Ernährung: Kalorien 188, Fett 17,9, Ballaststoffe 2,1, Kohlenhydrate 7,6, Protein 2,5

Rote-Bete-Chips

Zubereitungszeit: 10 Minuten
Kochzeit: 35 Minuten
Portionen: 4

Zutaten:
- 2 Rote Bete, geschält und in dünne Scheiben geschnitten
- 1 Esslöffel Avocadoöl
- 1 Teelöffel Kreuzkümmel, gemahlen
- 1 Teelöffel Fenchelsamen, zerstoßen
- 2 Teelöffel Knoblauch, gehackt

Tipps:
1. Die Rübenchips auf ein mit Backpapier ausgelegtes Backblech legen, das Öl und die restlichen Zutaten hinzufügen, vermischen, in den Ofen schieben und 35 Minuten bei 200 °C backen.
2. Auf Schüsseln verteilen und als Snack servieren.

Ernährung: Kalorien 32, Fett 0,7, Ballaststoffe 1,4, Kohlenhydrate 6,1, Protein 1,1

Zucchini-Dip

Zubereitungszeit: 5 Minuten
Kochzeit: 10 Minuten
Portionen: 4

Zutaten:
- ½ Tasse fettfreier Joghurt
- 2 Zucchini, gehackt
- 1 Esslöffel Olivenöl
- 2 Frühlingszwiebeln, gehackt
- ¼ Tasse natriumarme Gemüsebrühe
- 2 Knoblauchzehen, gehackt
- 1 Esslöffel Dill, gehackt
- Eine Prise Muskatnuss, gemahlen

Tipps:
1. Eine Pfanne mit Öl bei mittlerer Hitze erhitzen, Zwiebel und Knoblauch hinzufügen, vermischen und 3 Minuten braten.
2. Die Zucchini und die restlichen Zutaten außer dem Joghurt dazugeben, vermischen, weitere 7 Minuten kochen lassen und vom Herd nehmen.
3. Den Joghurt dazugeben, mit einem Stabmixer pürieren, in Schüsseln verteilen und servieren.

Ernährung: Kalorien 76, Fett 4,1, Ballaststoffe 1,5, Kohlenhydrate 7,2, Protein 3,4

Eine Mischung aus Samen und Äpfeln

Zubereitungszeit: 10 Minuten
Kochzeit: 20 Minuten
Portionen: 4

Zutaten:
- 2 Esslöffel Olivenöl
- 1 Teelöffel geräuchertes Paprikapulver
- 1 Tasse Sonnenblumenkerne
- 1 Tasse Chiasamen
- 2 Äpfel, entkernt und in Achtel geschnitten
- ½ Teelöffel Kreuzkümmel, gemahlen
- Eine Prise Cayennepfeffer

Tipps:
1. Die Kerne mit den Äpfeln und den restlichen Zutaten in einer Schüssel vermengen, vermischen, auf einem mit Backpapier ausgelegten Backblech verteilen, in den Ofen schieben und 20 Minuten bei 180 °C backen.
2. Auf Schüsseln verteilen und als Snack servieren.

Ernährung: Kalorien 222, Fett 15,4, Ballaststoffe 6,4, Kohlenhydrate 21,1, Protein 4

Kürbispaste

Zubereitungszeit: 5 Minuten
Kochzeit: 0 Minuten
Portionen: 4

Zutaten:
- 2 Tassen Kürbismark
- ½ Tasse Kürbiskerne
- 1 Esslöffel Zitronensaft
- 1 Esslöffel Sesampaste
- 1 Esslöffel Olivenöl

Tipps:
1. Den Kürbis, die Kerne und die restlichen Zutaten in einen Mixer geben, gut pürieren, in Schüsseln verteilen und auf der Party servieren.

Ernährung: Kalorien 162, Fett 12,7, Ballaststoffe 2,3, Kohlenhydrate 9,7, Protein 5,5

Spinatpaste

Zubereitungszeit: 10 Minuten
Kochzeit: 20 Minuten
Portionen: 4

Zutaten:

- 1 Pfund Spinat, gehackt
- 1 Tasse Kokoscreme
- 1 Tasse fettarmer Mozzarella, gehackt
- Eine Prise schwarzer Pfeffer
- 1 Esslöffel Dill, gehackt

Tipps:

1. In einer Auflaufform den Spinat mit der Sahne und den restlichen Zutaten vermischen, gut vermischen, in den Ofen stellen und 20 Minuten bei 200 °C backen.
2. Auf Schüsseln verteilen und servieren.

Ernährung: Kalorien 186, Fett 14,8, Ballaststoffe 4,4, Kohlenhydrate 8,4, Protein 8,8

Oliven-Koriander-Salsa

Zubereitungszeit: 5 Minuten
Kochzeit: 0 Minuten
Portionen: 4

Zutaten:
- 1 rote Zwiebel, gehackt
- 1 Tasse schwarze Oliven, entkernt und halbiert
- 1 Gurke, gewürfelt
- ¼ Tasse Koriander, gehackt
- Eine Prise schwarzer Pfeffer
- 2 Esslöffel Limettensaft

Tipps:
1. Oliven mit Gurke und den restlichen Zutaten in einer Schüssel vermischen, vermischen und kalt als Snack servieren.

Ernährung: Kalorien 64, Fett 3,7, Ballaststoffe 2,1, Kohlenhydrate 8,4, Protein 1,1

Schnittlauch-Rote-Bete-Dip

Zubereitungszeit: 5 Minuten
Kochzeit: 25 Minuten
Portionen: 4

Zutaten:
- 2 Esslöffel Olivenöl
- 1 rote Zwiebel, gehackt
- 2 Esslöffel Schnittlauch, gehackt
- Eine Prise schwarzer Pfeffer
- 1 Rote Bete, geschält und gehackt
- 8 Unzen fettarmer Frischkäse
- 1 Tasse Kokoscreme

Tipps:
1. Eine Pfanne mit Öl bei mittlerer Hitze erhitzen, die Zwiebel dazugeben und 5 Minuten braten.
2. Die restlichen Zutaten hinzufügen und unter häufigem Rühren weitere 20 Minuten kochen lassen.
3. Die Mischung in einen Mixer geben, gut pürieren, in Schüsseln verteilen und servieren.

Ernährung: Kalorien 418, Fett 41,2, Ballaststoffe 2,5, Kohlenhydrate 10, Protein 6,4

Gurkensalsa

Zubereitungszeit: 5 Minuten
Kochzeit: 0 Minuten
Portionen: 4

Zutaten:
- 1 Pfund Gurken, gewürfelt
- 1 Avocado, geschält, entkernt und gewürfelt
- 1 Esslöffel Kapern, abgetropft
- 1 Esslöffel Schnittlauch, gehackt
- 1 kleine rote Zwiebel, gewürfelt
- 1 Esslöffel Olivenöl
- 1 Esslöffel Balsamico-Essig

Tipps:
1. In einer Schüssel die Gurken mit der Avocado und den restlichen Zutaten vermischen, vermischen, in kleine Tassen verteilen und servieren.

Ernährung: Kalorien 132, Fett 4,4, Ballaststoffe 4, Kohlenhydrate 11,6, Protein 4,5

Kichererbsen-Dip

Zubereitungszeit: 5 Minuten
Kochzeit: 0 Minuten
Portionen: 4

Zutaten:
- 1 Esslöffel Olivenöl
- 1 Esslöffel Zitronensaft
- 1 Esslöffel Sesampaste
- 2 Esslöffel Schnittlauch, gehackt
- 2 Frühlingszwiebeln, gehackt
- 2 Tassen Kichererbsen aus der Dose, ohne Salz, abgetropft und abgespült

Tipps:
1. Die Kichererbsen mit dem Öl und den restlichen Zutaten außer dem Schnittlauch in einen Mixer geben, gut pürieren, in Schüsseln verteilen, mit dem Schnittlauch bestreuen und servieren.

Ernährung: Kalorien 280, Fett 13,3, Ballaststoffe 5,5, Kohlenhydrate 14,8, Protein 6,2

Olivendip

Zubereitungszeit: 4 Minuten
Kochzeit: 0 Minuten
Portionen: 4

Zutaten:
- 2 Tassen schwarze Oliven, entkernt und gehackt
- 1 Tasse Minze, gehackt
- 2 Esslöffel Avocadoöl
- ½ Tasse Kokoscreme
- ¼ Tasse Limettensaft
- Eine Prise schwarzer Pfeffer

Tipps:
1. Oliven, Minze und die restlichen Zutaten in einen Mixer geben, gut pürieren, in Schüsseln verteilen und servieren.

Ernährung: Kalorien 287, Fett 13,3, Ballaststoffe 4,7, Kohlenhydrate 17,4, Protein 2,4

Kokos-Zwiebel-Dip

Zubereitungszeit: 5 Minuten
Kochzeit: 0 Minuten
Portionen: 4

Zutaten:

- 4 Frühlingszwiebeln, gehackt
- 1 Schalotte, gehackt
- 1 Esslöffel Limettensaft
- Eine Prise schwarzer Pfeffer
- 2 Unzen fettarmer Mozzarella-Käse, gerieben
- 1 Tasse Kokoscreme
- 1 Esslöffel Petersilie, gehackt

Tipps:

1. Frühlingszwiebel, Schalotte und die restlichen Zutaten in einem Mixer vermischen, gut pürieren, in Schüsseln verteilen und als Party-Dip servieren.

Ernährung: Kalorien 271, Fett 15,3, Ballaststoffe 5, Kohlenhydrate 15,9, Protein 6,9

Pinienkerne-Kokos-Dip

Zubereitungszeit: 5 Minuten
Kochzeit: 0 Minuten
Portionen: 4

Zutaten:

- 8 Unzen Kokoscreme
- 1 Esslöffel Pinienkerne, gehackt
- 2 Esslöffel Petersilie, gehackt
- Eine Prise schwarzer Pfeffer

Tipps:

1. In einer Schüssel die Sahne mit den Pinienkernen und den restlichen Zutaten vermischen, gut vermischen, auf Schüsseln verteilen und servieren.

Ernährung: Kalorien 281, Fett 13, Ballaststoffe 4,8, Kohlenhydrate 16, Protein 3,56

Rucola-Gurken-Salsa

Zubereitungszeit: 5 Minuten
Kochzeit: 0 Minuten
Portionen: 4

Zutaten:
- 4 Schalotten, gehackt
- 2 Tomaten, gewürfelt
- 4 Gurken in Würfel schneiden
- 1 Esslöffel Balsamico-Essig
- 1 Tasse Baby-Rucolablätter
- 2 Esslöffel Zitronensaft
- 2 Esslöffel Olivenöl
- Eine Prise schwarzer Pfeffer

Tipps:
1. In einer Schüssel Schalotten mit Tomaten und den restlichen Zutaten vermischen, vermischen, in kleine Schälchen verteilen und als Vorspeise servieren.

Ernährung: Kalorien 139, Fett 3,8, Ballaststoffe 4,5, Kohlenhydrate 14, Protein 5,4

Käse Dip

Zubereitungszeit: 5 Minuten
Kochzeit: 0 Minuten
Portionen: 6

Zutaten:
- 1 Esslöffel gehackte Minze
- 1 Esslöffel Oregano, gehackt
- 10 Unzen fettfreier Frischkäse
- ½ Tasse Ingwer, gehackt
- 2 Esslöffel Kokosnuss-Aminosäuren

Tipps:
1. In einem Mixer Frischkäse, Ingwer und andere Zutaten vermischen, gut pürieren, in kleine Tassen verteilen und servieren.

Ernährung: Kalorien 388, Fett 15,4, Ballaststoffe 6, Kohlenhydrate 14,3, Protein 6

Paprika-Joghurt-Dip

Zubereitungszeit: 5 Minuten
Kochzeit: 0 Minuten
Portionen: 4

Zutaten:
- 3 Tassen fettfreier Joghurt
- 2 Frühlingszwiebeln, gehackt
- 1 Teelöffel Paprika
- ¼ Tasse Mandeln, gehackt
- ¼ Tasse Dill, gehackt

Tipps:
1. In einer Schüssel den Joghurt mit der Zwiebel und den anderen Zutaten vermischen, vermischen, auf Schüsseln verteilen und servieren.

Ernährung: Kalorien 181, Fett 12,2, Ballaststoffe 6, Kohlenhydrate 14,1, Protein 7

Blumenkohlsalsa

Zubereitungszeit: 5 Minuten
Kochzeit: 0 Minuten
Portionen: 4

Zutaten:
- 1 Pfund Blumenkohlröschen, blanchiert
- 1 Tasse Kalamata-Oliven, entkernt und halbiert
- 1 Tasse Kirschtomaten, halbiert
- 1 Esslöffel Olivenöl
- 1 Esslöffel Limettensaft
- Eine Prise schwarzer Pfeffer

Tipps:
1. In einer Schüssel den Blumenkohl mit den Oliven und den restlichen Zutaten vermengen, vermischen und servieren.

Ernährung: Kalorien 139, Fett 4, Ballaststoffe 3,6, Kohlenhydrate 5,5, Protein 3,4

Garnelenpaste

Zubereitungszeit: 5 Minuten
Kochzeit: 0 Minuten
Portionen: 4

Zutaten:
- 8 Unzen Kokoscreme
- 1 Pfund Garnelen, gekocht, geschält, entdarmt und gehackt
- 2 Esslöffel Dill, gehackt
- 2 Frühlingszwiebeln, gehackt
- 1 Esslöffel Koriander, gehackt
- Eine Prise schwarzer Pfeffer

Tipps:
1. In einer Schüssel die Garnelen mit Sahne und anderen Zutaten vermengen, vermischen und als Partybeilage servieren.

Ernährung: Kalorien 362, Fett 14,3, Ballaststoffe 6, Kohlenhydrate 14,6, Protein 5,9

Pfirsichsalsa

Zubereitungszeit: 4 Minuten
Kochzeit: 0 Minuten
Portionen: 4

Zutaten:
- 4 Pfirsiche, entkernt und gewürfelt
- 1 Tasse Kalamata-Oliven, entkernt und halbiert
- 1 Avocado, kernlos, geschält und gewürfelt
- 1 Tasse Kirschtomaten, halbiert
- 1 Esslöffel Olivenöl
- 1 Esslöffel Limettensaft
- 1 Esslöffel Koriander, gehackt

Tipps:
1. In einer Schüssel die Pfirsiche mit den Oliven und den restlichen Zutaten vermischen, gut vermischen und kalt servieren.

Ernährung: Kalorien 200, Fett 7,5, Ballaststoffe 5, Kohlenhydrate 13,3, Protein 4,9

Karottenchips

Zubereitungszeit: 10 Minuten
Kochzeit: 20 Minuten
Portionen: 4

Zutaten:

- 4 Karotten, in dünne Scheiben geschnitten
- 2 Esslöffel Olivenöl
- Eine Prise schwarzer Pfeffer
- 1 Teelöffel Paprika
- ½ Teelöffel Kurkumapulver
- Eine Prise rote Paprikaflocken

Tipps:

1. In einer Schüssel die Karottenchips mit dem Öl und den restlichen Zutaten vermengen und vermischen.
2. Die Chips auf einem mit Backpapier ausgelegten Backblech verteilen, 25 Minuten bei 200 °C backen, auf Schüsseln verteilen und als Snack servieren.

Ernährung: Kalorien 180, Fett 3, Ballaststoffe 3,3, Kohlenhydrate 5,8, Protein 1,3

Spargelhäppchen

Zubereitungszeit: 4 Minuten
Kochzeit: 20 Minuten
Portionen: 4

Zutaten:
- 2 Esslöffel Kokosöl, geschmolzen
- 1 Pfund Spargel, geputzt und halbiert
- 1 Teelöffel Knoblauchpulver
- 1 Teelöffel Rosmarin, getrocknet
- 1 Teelöffel Chilipulver

Tipps:
1. In einer Schüssel den Spargel mit dem Öl und den restlichen Zutaten vermengen, vermengen, auf ein mit Backpapier ausgelegtes Backblech legen und bei 200 °C (200 °C) 20 Minuten backen.
2. Auf Schüsseln verteilen und kalt als Snack servieren.

Ernährung: Kalorien 170, Fett 4,3, Ballaststoffe 4, Kohlenhydrate 7, Protein 4,5

Gebackene Feigenschalen

Zubereitungszeit: 4 Minuten
Kochzeit: 12 Minuten
Portionen: 4

Zutaten:
- 8 Feigen, halbiert
- 1 Esslöffel Avocadoöl
- 1 Teelöffel Muskatnuss, gemahlen

Tipps:
1. In einer Backform Feigen mit Öl und Muskatnuss vermischen, vermischen und 12 Minuten bei 200 °C backen.
2. Die Feigen auf kleine Schälchen verteilen und als Snack servieren.

Ernährung: Kalorien 180, Fett 4,3, Ballaststoffe 2, Kohlenhydrate 2, Protein 3,2

Kohl- und Garnelensalsa

Zubereitungszeit: 5 Minuten
Kochzeit: 6 Minuten
Portionen: 4

Zutaten:
- 2 Tassen Rotkohl, zerkleinert
- 1 Pfund Garnelen, geschält und entdarmt
- 1 Esslöffel Olivenöl
- Eine Prise schwarzer Pfeffer
- 2 Frühlingszwiebeln, gehackt
- 1 Tasse Tomaten, gewürfelt
- ½ Teelöffel Knoblauchpulver

Tipps:
1. Eine Pfanne mit Öl bei mittlerer Hitze erhitzen, Garnelen hinzufügen, vermischen und auf jeder Seite 3 Minuten braten.
2. In einer Schüssel den Kohl mit den Garnelen und den restlichen Zutaten vermischen, vermischen, in kleine Schüsseln verteilen und servieren.

Ernährung: Kalorien 225, Fett 9,7, Ballaststoffe 5,1, Kohlenhydrate 11,4, Protein 4,5

Avocadostücke

Zubereitungszeit: 5 Minuten
Kochzeit: 10 Minuten
Portionen: 4

Zutaten:

- 2 Avocados, geschält, entkernt und in Achtel geschnitten
- 1 Esslöffel Avocadoöl
- 1 Esslöffel Limettensaft
- 1 Teelöffel Koriander, gemahlen

Tipps:

1. Die Avocadostücke auf einem mit Backpapier ausgelegten Backblech verteilen, das Öl und die restlichen Zutaten hinzufügen, vermischen und 10 Minuten bei 180 °C backen.
2. In Tassen füllen und als Snack servieren.

Ernährung: Kalorien 212, Fett 20,1, Ballaststoffe 6,9, Kohlenhydrate 9,8, Protein 2

Zitronendip

Zubereitungszeit: 4 Minuten
Kochzeit: 0 Minuten
Portionen: 4

Zutaten:
- 1 Tasse fettarmer Frischkäse
- Schwarzer Pfeffer nach Geschmack
- ½ Tasse Zitronensaft
- 1 Esslöffel Koriander, gehackt
- 3 Knoblauchzehen, gehackt

Tipps:
1. In einer Küchenmaschine Frischkäse, Zitronensaft und andere Zutaten vermischen, gut zerkleinern, in Schüsseln verteilen und servieren.

Ernährung: Kalorien 213, Fett 20,5, Ballaststoffe 0,2, Kohlenhydrate 2,8, Protein 4,8

Süßkartoffel-Dip

Zubereitungszeit: 10 Minuten
Kochzeit: 40 Minuten
Portionen: 4

Zutaten:

- 1 Tasse Süßkartoffeln, geschält und gewürfelt
- 1 Esslöffel natriumarme Gemüsebrühe
- Kochspray
- 2 Esslöffel Kokoscreme
- 2 Teelöffel Rosmarin, getrocknet
- Schwarzer Pfeffer nach Geschmack

Tipps:

1. In einer Bratpfanne die Kartoffeln mit der Brühe und den restlichen Zutaten vermischen, 40 Minuten bei 180 °C backen, in einen Mixer geben, gut pürieren, in kleine Schüsseln verteilen und servieren

Ernährung: Kalorien 65, Fett 2,1, Ballaststoffe 2, Kohlenhydrate 11,3, Protein 0,8

Bohnensalsa

Zubereitungszeit: 5 Minuten
Kochzeit: 0 Minuten
Portionen: 4

Zutaten:
- 1 Tasse schwarze Bohnen aus der Dose, ohne Salzzusatz, abgetropft
- 1 Tasse rote Bohnen aus der Dose, ohne Salzzusatz, abgetropft
- 1 Teelöffel Balsamico-Essig
- 1 Tasse Kirschtomaten, gewürfelt
- 1 Esslöffel Olivenöl
- 2 Schalotten, gehackt

Tipps:
1. Die Bohnen mit dem Essig und den anderen Zutaten in eine Schüssel geben, vermischen und als Partysnack servieren.

Ernährung: Kalorien 362, Fett 4,8, Ballaststoffe 14,9, Kohlenhydrate 61, Protein 21,4

Grüne Bohnen-Salsa

Zubereitungszeit: 10 Minuten
Kochzeit: 10 Minuten
Portionen: 4

Zutaten:
- 1 Pfund grüne Bohnen, geputzt und halbiert
- 1 Esslöffel Olivenöl
- 2 Teelöffel Kapern, abgetropft
- 6 Unzen grüne Oliven, entkernt und in Scheiben geschnitten
- 4 Knoblauchzehen, gehackt
- 1 Esslöffel Limettensaft
- 1 Esslöffel Oregano, gehackt
- Schwarzer Pfeffer nach Geschmack

Tipps:
1. Eine Pfanne mit Öl bei mittlerer Hitze erhitzen, Knoblauch und grüne Bohnen hinzufügen, vermischen und 3 Minuten braten.
2. Die restlichen Zutaten hinzufügen, vermischen, weitere 7 Minuten kochen lassen, in kleine Tassen füllen und kalt servieren.

Ernährung: Kalorien 111, Fett 6,7, Ballaststoffe 5,6, Kohlenhydrate 13,2, Protein 2,9

Karottenpaste

Zubereitungszeit: 10 Minuten
Kochzeit: 30 Minuten
Portionen: 4

Zutaten:
- 1 Pfund Karotten, geschält und gehackt
- ½ Tasse Walnüsse, gehackt
- 2 Tassen natriumarme Gemüsebrühe
- 1 Tasse Kokoscreme
- 1 Esslöffel Rosmarin, gehackt
- 1 Teelöffel Knoblauchpulver
- ¼ Teelöffel geräuchertes Paprikapulver

Tipps:
1. In einem kleinen Topf die Karotten mit der Brühe, den Walnüssen und den restlichen Zutaten außer Sahne und Rosmarin vermischen, vermischen, bei mittlerer Hitze zum Kochen bringen, 30 Minuten köcheln lassen, abseihen und in einen Mixer geben.
2. Die Sahne dazugeben, gut verrühren, auf Schüsseln verteilen, mit Rosmarin bestreuen und servieren.

Ernährung: Kalorien 201, Fett 8,7, Ballaststoffe 3,4, Kohlenhydrate 7,8, Protein 7,7

Tomatendip

Zubereitungszeit: 10 Minuten
Kochzeit: 10 Minuten
Portionen: 4

Zutaten:

- 1 Pfund Tomaten, geschält und gehackt
- ½ Tasse Knoblauch, gehackt
- 2 Esslöffel Olivenöl
- Eine Prise schwarzer Pfeffer
- 2 Schalotten, gehackt
- 1 Teelöffel getrockneter Thymian

Tipps:

1. Eine Pfanne mit Öl bei mittlerer Hitze erhitzen, Knoblauch und Schalotten hinzufügen, vermischen und 2 Minuten braten.
2. Tomaten und restliche Zutaten hinzufügen, weitere 8 Minuten kochen und in einen Mixer geben.
3. Gut zerdrücken, in kleine Tassen aufteilen und als Snack servieren.

Ernährung: Kalorien 232, Fett 11,3, Ballaststoffe 3,9, Kohlenhydrate 7,9, Protein 4,5

Lachsschalen

Zubereitungszeit: 10 Minuten
Kochzeit: 0 Minuten
Portionen: 6

Zutaten:
- 1 Esslöffel Avocadoöl
- 1 Esslöffel Balsamico-Essig
- ½ Teelöffel Oregano, getrocknet
- 1 Tasse geräucherter Lachs, ohne Salzzusatz, ohne Knochen, ohne Haut und gewürfelt
- 1 Tasse Salsa
- 4 Tassen Babyspinat

Tipps:
1. In einer Schüssel den Lachs mit der Salsa und den restlichen Zutaten vermischen, vermischen, in kleine Tassen verteilen und servieren.

Ernährung: Kalorien 281, Fett 14,4, Ballaststoffe 7,4, Kohlenhydrate 18,7, Protein 7,4

Tomaten-Mais-Salsa

Zubereitungszeit: 4 Minuten
Kochzeit: 0 Minuten
Portionen: 4

Zutaten:

- 3 Tassen Mais
- 2 Tassen Tomaten, gewürfelt
- 2 Frühlingszwiebeln, gehackt
- 2 Esslöffel Olivenöl
- 1 rote Chilischote, gehackt
- ½ Esslöffel Schnittlauch, gehackt

Tipps:

1. Tomaten mit Mais und anderen Zutaten in einer Salatschüssel vermischen, vermischen und kalt als Snack servieren.

Ernährung: Kalorien 178, Fett 8,6, Ballaststoffe 4,5, Kohlenhydrate 25,9, Protein 4,7

Gebackene Pilze

Zubereitungszeit: 10 Minuten
Kochzeit: 25 Minuten
Portionen: 4

Zutaten:
- 1 Pfund kleine Pilzkappen
- 2 Esslöffel Olivenöl
- 1 Esslöffel Schnittlauch, gehackt
- 1 Esslöffel Rosmarin, gehackt
- Schwarzer Pfeffer nach Geschmack

Tipps:
1. Die Pilze in einen Bräter geben, Öl und die restlichen Zutaten hinzufügen, vermischen, 25 Minuten bei 400 Grad backen, in Schüsseln verteilen und als Snack servieren.

Ernährung: Kalorien 215, Fett 12,3, Ballaststoffe 6,7, Kohlenhydrate 15,3, Protein 3,5

Ausbreitung der Bohne

Zubereitungszeit: 5 Minuten
Kochzeit: 0 Minuten
Portionen: 4

Zutaten:

- ½ Tasse Kokoscreme
- 1 Esslöffel Olivenöl
- 2 Tassen schwarze Bohnen aus der Dose, ohne Salzzusatz, abgetropft und abgespült
- 2 Esslöffel Frühlingszwiebel, gehackt

Tipps:

1. Die Bohnen mit der Sahne und den anderen Zutaten in einem Mixer vermischen, gut pürieren, auf Schüsseln verteilen und servieren.

Ernährung: Kalorien 311, Fett 13,5, Ballaststoffe 6, Kohlenhydrate 18,0, Protein 8

Fenchelsalsa

Zubereitungszeit: 5 Minuten
Kochzeit: 0 Minuten
Portionen: 4

Zutaten:
- 2 Frühlingszwiebeln, gehackt
- 2 Fenchelknollen, gehackt
- 1 grüne Chilischote, gehackt
- 1 Tomate, gehackt
- 1 Teelöffel Kurkumapulver
- 1 Teelöffel Limettensaft
- 2 Esslöffel Koriander, gehackt
- Schwarzer Pfeffer nach Geschmack

Tipps:
1. In einer Salatschüssel Fenchel mit Zwiebeln und den restlichen Zutaten vermischen, vermischen, in Tassen verteilen und servieren.

Ernährung: Kalorien 310, Fett 11,5, Ballaststoffe 5,1, Kohlenhydrate 22,3, Protein 6,5

Rosenkohl-Häppchen

Zubereitungszeit: 10 Minuten
Kochzeit: 25 Minuten
Portionen: 4

Zutaten:

- 1 Pfund Rosenkohl, geputzt und halbiert
- 2 Esslöffel Olivenöl
- 1 Esslöffel Kreuzkümmel, gemahlen
- 1 Tasse Dill, gehackt
- 2 Knoblauchzehen, gehackt

Tipps:

1. In einer Bratpfanne Rosenkohl mit Öl und den restlichen Zutaten vermischen, vermischen und 25 Minuten bei 200 °C backen.
2. Die Sprossen auf Schüsseln verteilen und als Snack servieren.

Ernährung: Kalorien 270, Fett 10,3, Ballaststoffe 5,2, Kohlenhydrate 11,1, Protein 6

Balsamico-Walnüsse

Zubereitungszeit: 10 Minuten
Kochzeit: 15 Minuten
Portionen: 4

Zutaten:
- 2 Tassen Walnüsse
- 3 Esslöffel roter Essig
- Etwas Olivenöl
- Eine Prise Cayennepfeffer
- Eine Prise rote Paprikaflocken
- Schwarzer Pfeffer nach Geschmack

Tipps:
1. Die Walnüsse auf einem mit Backpapier ausgelegten Backblech verteilen, den Essig und die restlichen Zutaten hinzufügen, vermischen und 15 Minuten bei 200 °C backen.
2. Die Walnüsse auf Schüsseln verteilen und servieren.

Ernährung: Kalorien 280, Fett 12,2, Ballaststoffe 2, Kohlenhydrate 15,8, Protein 6

Radieschenchips

Zubereitungszeit: 10 Minuten
Kochzeit: 20 Minuten
Portionen: 4

Zutaten:
- 1 Pfund Radieschen, in dünne Scheiben geschnitten
- Eine Prise Kurkumapulver
- Schwarzer Pfeffer nach Geschmack
- 2 Esslöffel Olivenöl

Tipps:
1. Radieschenchips auf einem mit Backpapier ausgelegten Backblech verteilen, Öl und die restlichen Zutaten hinzufügen, vermischen und 20 Minuten bei 200 °C backen.
2. Die Chips auf Schüsseln verteilen und servieren.

Ernährung: Kalorien 120, Fett 8,3, Ballaststoffe 1, Kohlenhydrate 3,8, Protein 6

Lauch-Garnelen-Salat

Zubereitungszeit: 4 Minuten
Kochzeit: 0 Minuten
Portionen: 4

Zutaten:
- 2 Lauch, in Scheiben geschnitten
- 1 Tasse Koriander, gehackt
- 1 Pfund Garnelen, geschält, entdarmt und gekocht
- Saft von 1 Limette
- 1 Esslöffel abgeriebene Limettenschale
- 1 Tasse Kirschtomaten, halbiert
- 2 Esslöffel Olivenöl
- Salz und schwarzer Pfeffer nach Geschmack

Tipps:
1. In einer Salatschüssel die Garnelen mit dem Lauch und den restlichen Zutaten vermischen, vermischen, in kleine Tassen verteilen und servieren.

Ernährung: Kalorien 280, Fett 9,1, Ballaststoffe 5,2, Kohlenhydrate 12,6, Protein 5

Lauch-Dip

Zubereitungszeit: 5 Minuten
Kochzeit: 0 Minuten
Portionen: 4

Zutaten:
- 1 Esslöffel Zitronensaft
- ½ Tasse fettarmer Frischkäse
- 2 Esslöffel Olivenöl
- Schwarzer Pfeffer nach Geschmack
- 4 Lauch, gehackt
- 1 Esslöffel Koriander, gehackt

Tipps:
1. In einem Mixer den Frischkäse mit dem Lauch und den restlichen Zutaten vermischen, pürieren, in Schüsseln verteilen und als Party-Dip servieren.

Ernährung: Kalorien 300, Fett 12,2, Ballaststoffe 7,6, Kohlenhydrate 14,7, Protein 5,6

Pfeffersalat

Zubereitungszeit: 5 Minuten
Kochzeit: 0 Minuten
Portionen: 4

Zutaten:
- ½ Pfund rote Paprika, in dünne Streifen schneiden
- 3 Frühlingszwiebeln, gehackt
- 1 Esslöffel Olivenöl
- 2 Teelöffel Ingwer, gerieben
- ½ Teelöffel Rosmarin, getrocknet
- 3 Esslöffel Balsamico-Essig

Tipps:
1. In einer Salatschüssel die Paprika mit der Zwiebel und den restlichen Zutaten vermischen, vermischen, in kleine Tassen verteilen und servieren.

Ernährung: Kalorien 160, Fett 6, Ballaststoffe 3, Kohlenhydrate 10,9, Protein 5,2

Avocadopaste

Zubereitungszeit: 4 Minuten
Kochzeit: 0 Minuten
Portionen: 4

Zutaten:

- 2 Esslöffel Dill, gehackt
- 1 Schalotte, gehackt
- 2 Knoblauchzehen, gehackt
- 2 Avocados, geschält, entkernt und gehackt
- 1 Tasse Kokoscreme
- 2 Esslöffel Olivenöl
- 2 Esslöffel Limettensaft
- Schwarzer Pfeffer nach Geschmack

Tipps:

1. Die Avocado mit der Schalotte, dem Knoblauch und den restlichen Zutaten in einem Mixer vermischen, gut pürieren, in kleine Schüsseln verteilen und als Snack servieren.

Ernährung: Kalorien 300, Fett 22,3, Ballaststoffe 6,4, Kohlenhydrate 42, Protein 8,9

Corn Dip

Zubereitungszeit: 30 Minuten
Kochzeit: 0 Minuten
Portionen: 4

Zutaten:
- Eine Prise Cayennepfeffer
- Eine Prise schwarzer Pfeffer
- 2 Tassen Mais
- 1 Tasse Kokoscreme
- 2 Esslöffel Zitronensaft
- 2 Esslöffel Avocadoöl

Tipps:
1. In einem Mixer den Mais mit der Sahne und den restlichen Zutaten vermischen, gut pürieren, in Schüsseln verteilen und als Party-Dip servieren.

Ernährung: Kalorien 215, Fett 16,2, Ballaststoffe 3,8, Kohlenhydrate 18,4, Protein 4

Bohnenriegel

Zubereitungszeit: 2 Stunden
Kochzeit: 0 Minuten
Portionen: 12

Zutaten:
- 1 Tasse schwarze Bohnen aus der Dose, ohne Salzzusatz, abgetropft
- 1 Tasse Kokosflocken, ungesüßt
- 1 Tasse fettarme Butter
- ½ Tasse Chiasamen
- ½ Tasse Kokoscreme

Tipps:
1. In einem Mixer die Bohnen mit Kokosflocken und anderen Zutaten vermischen, gut vermischen, auf einem quadratischen Backblech verteilen, pressen, 2 Stunden in den Kühlschrank stellen, in mittelgroße Riegel schneiden und servieren.

Ernährung: Kalorien 141, Fett 7, Ballaststoffe 5, Kohlenhydrate 16,2, Protein 5

Eine Mischung aus Kürbiskernen und Apfelchips

Zubereitungszeit: 10 Minuten
Kochzeit: 2 Stunden
Portionen: 4

Zutaten:
- Kochspray
- 2 Teelöffel Muskatnuss, gemahlen
- 1 Tasse Kürbiskerne
- 2 Äpfel, entkernt und in dünne Scheiben geschnitten

Tipps:
1. Die Kürbiskerne und Apfelchips auf ein mit Backpapier ausgelegtes Backblech legen, mit Muskatnuss bestreuen, mit Kochspray bestreichen, in den Ofen stellen und 2 Stunden bei 300 Grad F backen.
2. Auf Schüsseln verteilen und als Snack servieren.

Ernährung: Kalorien 80, Fett 0, Ballaststoffe 3, Kohlenhydrate 7, Protein 4

Tomaten-Joghurt-Dip

Zubereitungszeit: 5 Minuten
Kochzeit: 0 Minuten
Portionen: 4

Zutaten:

- 2 Tassen fettfreier griechischer Joghurt
- 1 Esslöffel Petersilie, gehackt
- ¼ Tasse Dosentomaten, ohne Salzzusatz, gehackt
- 2 Esslöffel Schnittlauch, gehackt
- Schwarzer Pfeffer nach Geschmack

Tipps:

1. In einer Schüssel den Joghurt mit der Petersilie und den restlichen Zutaten vermischen, gut vermischen, in kleine Schälchen füllen und als Party-Dip servieren.

Ernährung: Kalorien 78, Fett 0, Ballaststoffe 0,2, Kohlenhydrate 10,6, Protein 8,2

Rüben-Cayenne-Schalen

Zubereitungszeit: 10 Minuten
Kochzeit: 35 Minuten
Portionen: 2

Zutaten:
- 1 Teelöffel Cayennepfeffer
- 2 Rote Bete, geschält und gewürfelt
- 1 Teelöffel Rosmarin, getrocknet
- 1 Esslöffel Olivenöl
- 2 Teelöffel Limettensaft

Tipps:
1. In einem Bräter Rote-Bete-Stücke mit Cayennepfeffer und den restlichen Zutaten vermischen, in den Ofen geben, 35 Minuten bei 180 °C backen, in kleine Schüsseln verteilen und als Vorspeise servieren.

Ernährung: Kalorien 170, Fett 12,2, Ballaststoffe 7, Kohlenhydrate 15,1, Protein 6

Schalen mit Walnüssen und Pekannüssen

Zubereitungszeit: 10 Minuten
Kochzeit: 10 Minuten
Portionen: 4

Zutaten:
- 2 Tassen Walnüsse
- 1 Tasse Pekannüsse, gehackt
- 1 Teelöffel Avocadoöl
- ½ Teelöffel Paprika

Tipps:
1. Trauben und Pekannüsse auf einem mit Backpapier ausgelegten Backblech verteilen, Öl und Paprika hinzufügen, vermischen und 10 Minuten bei 200 °C backen.
2. Auf Schüsseln verteilen und als Snack servieren.

Ernährung: Kalorien 220, Fett 12,4, Ballaststoffe 3, Kohlenhydrate 12,9, Protein 5,6

Petersilien-Lachs-Muffins

Zubereitungszeit: 10 Minuten
Kochzeit: 25 Minuten
Portionen: 4

Zutaten:
- 1 Tasse fettarmer Mozzarella-Käse, gerieben
- 8 Unzen geräucherter Lachs, ohne Haut, ohne Knochen und gehackt
- 1 Tasse Mandelmehl
- 1 Ei, geschlagen
- 1 Teelöffel Petersilie, getrocknet
- 1 Knoblauchzehe, gehackt
- Schwarzer Pfeffer nach Geschmack
- Kochspray

Tipps:
1. In einer Schüssel Lachs mit Mozzarella und anderen Zutaten außer Kochspray vermischen und gut vermischen.
2. Verteilen Sie diese Mischung auf einem mit Kochspray eingefetteten Muffinblech, backen Sie sie 25 Minuten lang bei 375 Grad Fahrenheit im Ofen und servieren Sie sie als Vorspeise.

Ernährung: Kalorien 273, Fett 17, Ballaststoffe 3,5, Kohlenhydrate 6,9, Protein 21,8

Squashbälle

Zubereitungszeit: 10 Minuten
Kochzeit: 20 Minuten
Portionen: 8

Zutaten:

- Etwas Olivenöl
- 1 großer Butternusskürbis, geschält und gehackt
- 2 Esslöffel Koriander, gehackt
- 2 Eier, geschlagen
- ½ Tasse Vollkornmehl
- Schwarzer Pfeffer nach Geschmack
- 2 Schalotten, gehackt
- 2 Knoblauchzehen, gehackt

Tipps:

1. In einer Schüssel den Kürbis mit dem Koriander und den restlichen Zutaten bis auf das Öl vermischen, gut vermischen und daraus mittelgroße Kugeln formen.
2. Legen Sie sie auf ein mit Backpapier ausgelegtes Backblech, bestreichen Sie sie mit Öl, backen Sie sie bei 200 Grad Celsius auf jeder Seite 10 Minuten lang, verteilen Sie sie auf Schüsseln und servieren Sie sie.

Ernährung: Kalorien 78, Fett 3, Ballaststoffe 0,9, Kohlenhydrate 10,8, Protein 2,7

Käse-Perlzwiebelschalen

Zubereitungszeit: 10 Minuten
Kochzeit: 30 Minuten
Portionen: 8

Zutaten:
- 20 weiße Perlzwiebeln, geschält
- 3 Esslöffel Petersilie, gehackt
- 1 Esslöffel Schnittlauch, gehackt
- Schwarzer Pfeffer nach Geschmack
- 1 Tasse fettarmer Mozzarella, gerieben
- 1 Esslöffel Olivenöl

Tipps:
1. Die Perlzwiebeln auf einem mit Backpapier ausgelegten Backblech verteilen, Öl, Petersilie, Schnittlauch und schwarzen Pfeffer hinzufügen und vermischen.
2. Mozzarella darüber streuen, 30 Minuten bei 200 °C backen, in Schüsseln verteilen und kalt als Vorspeise servieren.

Ernährung: Kalorien 136, Fett 2,7, Ballaststoffe 6, Kohlenhydrate 25,9, Protein 4,1

Brokkoliriegel

Zubereitungszeit: 10 Minuten
Kochzeit: 25 Minuten
Portionen: 8

Zutaten:

- 1 Pfund Brokkoliröschen, gehackt
- ½ Tasse fettarmer Mozzarella-Käse, gerieben
- 2 Eier, geschlagen
- 1 Teelöffel Oregano, getrocknet
- 1 Teelöffel Basilikum, getrocknet
- Schwarzer Pfeffer nach Geschmack

Tipps:

1. Brokkoli mit Käse und den restlichen Zutaten in einer Schüssel vermischen, gut vermischen, in einer rechteckigen Pfanne verteilen und gut andrücken.
2. In einen auf 180 °C vorgeheizten Ofen stellen, 25 Minuten backen, in Riegel schneiden und kalt servieren.

Ernährung: Kalorien 46, Fett 1,3, Ballaststoffe 1,8, Kohlenhydrate 4,2, Protein 5

Ananas-Tomaten-Salsa

Zubereitungszeit: 10 Minuten
Kochzeit: 40 Minuten
Portionen: 4

Zutaten:

- 20 Unzen Ananas aus der Dose, abgetropft und gewürfelt
- 1 Tasse sonnengetrocknete Tomaten, gewürfelt
- 1 Esslöffel Basilikum, gehackt
- 1 Esslöffel Avocadoöl
- 1 Teelöffel Limettensaft
- 1 Tasse schwarze Oliven, entkernt und in Scheiben geschnitten
- Schwarzer Pfeffer nach Geschmack

Tipps:

1. In einer Schüssel die Ananaswürfel mit den Tomaten und den restlichen Zutaten vermengen, vermischen, in kleinere Tassen aufteilen und als Snack servieren.

Ernährung: Kalorien 125, Fett 4,3, Ballaststoffe 3,8, Kohlenhydrate 23,6, Protein 1,5

Puten-Artischocken-Mischung

Zubereitungszeit: 5 Minuten
Kochzeit: 25 Minuten
Portionen: 4

Zutaten:
- 2 Esslöffel Olivenöl
- 1 Putenbrust, ohne Haut, ohne Knochen, in Scheiben geschnitten
- Eine Prise schwarzer Pfeffer
- 1 Esslöffel Basilikum, gehackt
- 3 Knoblauchzehen, gehackt
- 14 Unzen Artischocken aus der Dose, ohne Salzzusatz, gehackt
- 1 Tasse Kokoscreme
- ¾ Tasse fettarmer Mozzarella, gerieben

Tipps:
1. Eine Pfanne mit Öl bei mittlerer Hitze erhitzen, Fleisch, Knoblauch und schwarzen Pfeffer hinzufügen, vermischen und 5 Minuten braten.
2. Die restlichen Zutaten außer dem Käse hinzufügen, vermischen und bei mittlerer Hitze 15 Minuten kochen lassen.
3. Mit Käse bestreuen, alles weitere 5 Minuten kochen lassen, auf Tellern anrichten und servieren.

Ernährung: Kalorien 300, Fett 22,2, Ballaststoffe 7,2, Kohlenhydrate 16,5, Protein 13,6

Puten-Oregano-Mischung

Zubereitungszeit: 10 Minuten
Kochzeit: 30 Minuten
Portionen: 4

Zutaten:

- 2 Esslöffel Avocadoöl
- 1 rote Zwiebel, gehackt
- 2 Knoblauchzehen, gehackt
- Eine Prise schwarzer Pfeffer
- 1 Esslöffel Oregano, gehackt
- 1 große Putenbrust, ohne Haut, ohne Knochen, gewürfelt
- 1 und ½ Tassen natriumarme Rinderbrühe
- 1 Esslöffel Schnittlauch, gehackt

Tipps:

1. Eine Pfanne mit Öl bei mittlerer Hitze erhitzen, die Zwiebel dazugeben, vermischen und 3 Minuten braten.
2. Knoblauch und Fleisch dazugeben, vermischen und weitere 3 Minuten braten.
3. Die restlichen Zutaten dazugeben, vermischen, alles bei mittlerer Hitze 25 Minuten kochen, auf Tellern anrichten und servieren.

Ernährung: Kalorien 76, Fett 2,1, Ballaststoffe 1,7, Kohlenhydrate 6,4, Protein 8,3

Orangefarbenes Huhn

Zubereitungszeit: 10 Minuten
Kochzeit: 35 Minuten
Portionen: 4

Zutaten:
- 1 Esslöffel Avocadoöl
- 1 Pfund Hähnchenbrust, ohne Haut, ohne Knochen, halbiert
- 2 Knoblauchzehen, gehackt
- 2 Schalotten, gehackt
- ½ Tasse Orangensaft
- 1 Esslöffel Orangenschale, gerieben
- 3 Esslöffel Balsamico-Essig
- 1 Teelöffel Rosmarin, gehackt

Tipps:
1. Eine Pfanne mit Öl bei mittlerer Hitze erhitzen, Schalotten und Knoblauch hinzufügen, vermischen und 2 Minuten braten.
2. Das Fleisch dazugeben, vorsichtig vermischen und weitere 3 Minuten braten.
3. Die restlichen Zutaten hinzufügen, vermischen, die Pfanne in den Ofen stellen und 30 Minuten bei 180 °C backen.
4. Auf Teller verteilen und servieren.

Ernährung: Kalorien 159, Fett 3,4, Ballaststoffe 0,5, Kohlenhydrate 5,4, Protein 24,6

Knoblauchtruthahn und Pilze

Zubereitungszeit: 10 Minuten
Kochzeit: 40 Minuten
Portionen: 4

Zutaten:
- 1 Putenbrust, ohne Knochen, ohne Haut, gewürfelt
- ½ Pfund weiße Champignons, halbiert
- 1/3 Tasse Kokosnuss-Aminosäuren
- 2 Knoblauchzehen, gehackt
- 2 Esslöffel Olivenöl
- Eine Prise schwarzer Pfeffer
- 2 Frühlingszwiebeln, gehackt
- 3 Esslöffel Knoblauchsauce
- 1 Esslöffel Rosmarin, gehackt

Tipps:
1. Eine Pfanne mit Öl bei mittlerer Hitze erhitzen, Frühlingszwiebeln, Knoblauchsauce und Knoblauch hinzufügen und 5 Minuten braten.
2. Das Fleisch hinzufügen und weitere 5 Minuten braten.
3. Die restlichen Zutaten hinzufügen, in den Ofen geben und 30 Minuten bei 190 °C backen.
4. Die Mischung auf Teller verteilen und servieren.

Ernährung: Kalorien 154, Fett 8,1, Ballaststoffe 1,5, Kohlenhydrate 11,5, Protein 9,8

Bratpfanne mit Hühnchen und Oliven

Zubereitungszeit: 10 Minuten
Kochzeit: 25 Minuten
Portionen: 4

Zutaten:
- 1 Pfund Hähnchenbrust, ohne Haut, ohne Knochen und grob gewürfelt
- Eine Prise schwarzer Pfeffer
- 1 Esslöffel Avocadoöl
- 1 rote Zwiebel, gehackt
- 1 Tasse Kokosmilch
- 1 Esslöffel Zitronensaft
- 1 Tasse Kalamata-Oliven, entkernt und in Scheiben geschnitten
- ¼ Tasse Koriander, gehackt

Tipps:
1. Eine Pfanne mit Öl bei mittlerer Hitze erhitzen, Zwiebel und Fleisch hinzufügen und 5 Minuten braten.
2. Die restlichen Zutaten hinzufügen, vermischen, zum Kochen bringen und bei mittlerer Hitze weitere 20 Minuten kochen lassen.
3. Auf Teller verteilen und servieren.

Ernährung: Kalorien 409, Fett 26,8, Ballaststoffe 3,2, Kohlenhydrate 8,3, Protein 34,9

Balsamico-Truthahn-Pfirsich-Mischung

Zubereitungszeit: 10 Minuten
Kochzeit: 25 Minuten
Portionen: 4

Zutaten:
- 1 Esslöffel Avocadoöl
- 1 Putenbrust, ohne Haut, ohne Knochen, in Scheiben geschnitten
- Eine Prise schwarzer Pfeffer
- 1 gelbe Zwiebel, gehackt
- 4 Pfirsiche, entkernen und in Achtel schneiden
- ¼ Tasse Balsamico-Essig
- 2 Esslöffel Schnittlauch, gehackt

Tipps:
1. Eine Pfanne mit Öl bei mittlerer Hitze erhitzen, Fleisch und Zwiebeln dazugeben, vermischen und 5 Minuten braten.
2. Die restlichen Zutaten außer Schnittlauch hinzufügen, vorsichtig vermischen und 20 Minuten bei 200 °C backen.
3. Alles auf Tellern anrichten und mit einer Prise Schnittlauch servieren.

Ernährung: Kalorien 123, Fett 1,6, Ballaststoffe 3,3, Kohlenhydrate 18,8, Protein 9,1

Kokoshuhn und Spinat

Zubereitungszeit: 10 Minuten
Kochzeit: 25 Minuten
Portionen: 4

Zutaten:

- 1 Esslöffel Avocadoöl
- 1 Pfund Hähnchenbrust, ohne Haut, ohne Knochen und gewürfelt
- ½ Teelöffel Basilikum, getrocknet
- Eine Prise schwarzer Pfeffer
- ¼ Tasse natriumarme Gemüsebrühe
- 2 Tassen Babyspinat
- 2 Schalotten, gehackt
- 2 Knoblauchzehen, gehackt
- ½ Teelöffel Paprika
- 2/3 Tasse Kokoscreme
- 2 Esslöffel Koriander, gehackt

Tipps:

1. Eine Pfanne mit Öl bei mittlerer Hitze erhitzen, Fleisch, Basilikum und schwarzen Pfeffer hinzufügen und 5 Minuten braten.
2. Schalotten und Knoblauch hinzufügen und weitere 5 Minuten kochen lassen.
3. Die restlichen Zutaten hinzufügen, vermischen, zum Kochen bringen und bei mittlerer Hitze weitere 15 Minuten kochen lassen.
4. Auf Teller verteilen und heiß servieren.

Ernährung: Kalorien 237, Fett 12,9, Ballaststoffe 1,6, Kohlenhydrate 4,7, Protein 25,8

Hühnchen-Spargel-Mischung

Zubereitungszeit: 10 Minuten
Kochzeit: 25 Minuten
Portionen: 4

Zutaten:
- 2 Hähnchenbrüste, ohne Haut, ohne Knochen, in Würfel geschnitten
- 2 Esslöffel Avocadoöl
- 2 Frühlingszwiebeln, gehackt
- 1 Bund Spargel, geputzt und halbiert
- ½ Teelöffel Paprika
- Eine Prise schwarzer Pfeffer
- 14 Unzen Dosentomaten, ohne Salzzusatz, abgetropft und gehackt

Tipps:
1. Eine Pfanne mit Öl bei mittlerer Hitze erhitzen, Fleisch und Frühlingszwiebeln hinzufügen, vermischen und 5 Minuten braten.
2. Spargel und die restlichen Zutaten hinzufügen, vermischen, die Pfanne abdecken und bei mittlerer Hitze 20 Minuten kochen lassen.
3. Alles auf Teller verteilen und servieren.

Ernährung: Kalorien 171, Fett 6,4, Ballaststoffe 2,6, Kohlenhydrate 6,4, Protein 22,2

Truthahn und cremiger Brokkoli

Zubereitungszeit: 10 Minuten
Kochzeit: 25 Minuten
Portionen: 4

Zutaten:
- 1 Esslöffel Olivenöl
- 1 große Putenbrust, ohne Haut, ohne Knochen, gewürfelt
- 2 Tassen Brokkoliröschen
- 2 Schalotten, gehackt
- 2 Knoblauchzehen, gehackt
- 1 Esslöffel Basilikum, gehackt
- 1 Esslöffel Koriander, gehackt
- ½ Tasse Kokoscreme

Tipps:
1. Eine Pfanne mit Öl bei mittlerer Hitze erhitzen, Fleisch, Schalotten und Knoblauch hinzufügen, vermischen und 5 Minuten braten.
2. Brokkoli und die restlichen Zutaten hinzufügen, alles vermischen, 20 Minuten bei mittlerer Hitze kochen, auf Tellern anrichten und servieren.

Ernährung: Kalorien 165, Fett 11,5, Ballaststoffe 2,1, Kohlenhydrate 7,9, Protein 9,6

Eine Mischung aus grünen Bohnen mit Hühnchen und Dill

Zubereitungszeit: 10 Minuten
Kochzeit: 25 Minuten
Portionen: 4

Zutaten:
- 2 Esslöffel Olivenöl
- 10 Unzen grüne Bohnen, geputzt und halbiert
- 1 gelbe Zwiebel, gehackt
- 1 Esslöffel Dill, gehackt
- 2 Hähnchenbrüste, ohne Haut, ohne Knochen, halbiert
- 2 Tassen Tomatensauce, ohne Salzzusatz
- ½ Teelöffel rote Paprikaflocken, zerstoßen

Tipps:
1. Eine Pfanne mit Öl bei mittlerer Hitze erhitzen, Zwiebel und Fleisch hinzufügen und auf jeder Seite 2 Minuten braten.
2. Grüne Bohnen und die restlichen Zutaten hinzufügen, vermischen, in den Ofen geben und 20 Minuten bei 380 Grad F backen.
3. Auf Teller verteilen und sofort servieren.

Ernährung: Kalorien 391, Fett 17,8, Ballaststoffe 5, Kohlenhydrate 14,8, Protein 43,9

Hühnchen und Chili-Zucchini

Zubereitungszeit: 5 Minuten
Kochzeit: 25 Minuten
Portionen: 4

Zutaten:
- 1 Pfund Hähnchenbrust, ohne Haut, ohne Knochen und gewürfelt
- 1 Tasse natriumarme Hühnerbrühe
- 2 Zucchini, grob gewürfelt
- 1 Esslöffel Olivenöl
- 1 Tasse Dosentomaten, ohne Salzzusatz, gehackt
- 1 gelbe Zwiebel, gehackt
- 1 Teelöffel Chilipulver
- 1 Esslöffel Koriander, gehackt

Tipps:
1. Eine Pfanne mit Öl bei mittlerer Hitze erhitzen, Fleisch und Zwiebeln dazugeben, vermischen und 5 Minuten braten.
2. Zucchini und die restlichen Zutaten hinzufügen, vorsichtig vermischen, die Hitze auf mittlere Stufe reduzieren und 20 Minuten köcheln lassen.
3. Alles auf Teller verteilen und servieren.

Ernährung: Kalorien 284, Fett 12,3, Ballaststoffe 2,4, Kohlenhydrate 8, Protein 35

Mischung mit Avocado und Hühnchen

Zubereitungszeit: 10 Minuten
Kochzeit: 20 Minuten
Portionen: 4

Zutaten:
- 2 Hähnchenbrüste, ohne Haut, ohne Knochen, halbiert
- Saft einer halben Zitrone
- 2 Esslöffel Olivenöl
- 2 Knoblauchzehen, gehackt
- ½ Tasse natriumarme Gemüsebrühe
- 1 Avocado, geschält, entkernt und in Achtel geschnitten
- Eine Prise schwarzer Pfeffer

Tipps:
1. Eine Pfanne mit Öl bei mittlerer Hitze erhitzen, Knoblauch und Fleisch hinzufügen und auf jeder Seite 2 Minuten braten.
2. Zitronensaft und die restlichen Zutaten hinzufügen, zum Kochen bringen und bei mittlerer Hitze 15 Minuten kochen lassen.
3. Die gesamte Mischung auf Teller verteilen und servieren.

Ernährung: Kalorien 436, Fett 27,3, Ballaststoffe 3,6, Kohlenhydrate 5,6, Protein 41,8

Türkiye und Bok Choy

Zubereitungszeit: 10 Minuten
Kochzeit: 20 Minuten
Portionen: 4

Zutaten:
- 1 Putenbrust, ohne Knochen, ohne Haut, in dicke Würfel geschnitten
- 2 Schalotten, gehackt
- 1 Pfund Pak Choi, zerrissen
- 2 Esslöffel Olivenöl
- ½ Teelöffel Ingwer, gerieben
- Eine Prise schwarzer Pfeffer
- ½ Tasse natriumarme Gemüsebrühe

Tipps:
1. Einen Topf mit Öl bei mittlerer Hitze erhitzen, Schalotten und Ingwer hinzufügen und 2 Minuten braten.
2. Das Fleisch hinzufügen und weitere 5 Minuten braten.
3. Die restlichen Zutaten hinzufügen, vermischen, weitere 13 Minuten kochen lassen, auf Tellern anrichten und servieren.

Ernährung: Kalorien 125, Fett 8, Ballaststoffe 1,7, Kohlenhydrate 5,5, Protein 9,3

Mischung aus Hühnchen und roten Zwiebeln

Zubereitungszeit: 10 Minuten
Kochzeit: 25 Minuten
Portionen: 4

Zutaten:
- 2 Hähnchenbrüste, ohne Haut, ohne Knochen und grob gewürfelt
- 3 rote Zwiebeln, in Scheiben geschnitten
- 2 Esslöffel Olivenöl
- 1 Tasse natriumarme Gemüsebrühe
- Eine Prise schwarzer Pfeffer
- 1 Esslöffel Koriander, gehackt
- 1 Esslöffel Schnittlauch, gehackt

Tipps:
1. Eine Pfanne mit Öl bei mittlerer Hitze erhitzen, die Zwiebel und eine Prise schwarzen Pfeffer hinzufügen und 10 Minuten unter häufigem Rühren braten.
2. Hähnchen hinzufügen und weitere 3 Minuten kochen lassen.
3. Die restlichen Zutaten hinzufügen, zum Kochen bringen und bei mittlerer Hitze weitere 12 Minuten kochen lassen.
4. Die Hähnchen-Zwiebel-Mischung auf Teller verteilen und servieren.

Ernährung: Kalorien 364, Fett 17,5, Ballaststoffe 2,1, Kohlenhydrate 8,8, Protein 41,7

Heißer Truthahn und Reis

Zubereitungszeit: 10 Minuten
Kochzeit: 42 Minuten
Portionen: 4

Zutaten:
- 1 Putenbrust, ohne Haut, ohne Knochen, gewürfelt
- 1 Tasse weißer Reis
- 2 Tassen natriumarme Gemüsebrühe
- 1 Teelöffel scharfer Pfeffer
- 2 kleine Serrano-Paprika, gehackt
- 2 Knoblauchzehen, gehackt
- 2 Esslöffel Olivenöl
- ½ gehackte rote Paprika
- Eine Prise schwarzer Pfeffer

Tipps:
1. Eine Pfanne mit Öl bei mittlerer Hitze erhitzen, Serrano-Paprika und Knoblauch hinzufügen und 2 Minuten braten.
2. Das Fleisch hinzufügen und 5 Minuten braten.
3. Reis und die restlichen Zutaten hinzufügen, zum Kochen bringen und bei mittlerer Hitze 35 Minuten kochen lassen.
4. Mischen, auf Teller verteilen und servieren.

Ernährung: Kalorien 271, Fett 7,7, Ballaststoffe 1,7, Kohlenhydrate 42, Protein 7,8

Zitronen-Lauch und Hühnchen

Zubereitungszeit: 10 Minuten
Kochzeit: 40 Minuten
Portionen: 4

Zutaten:
- 1 Pfund Hähnchenbrust, ohne Haut, ohne Knochen und gewürfelt
- Eine Prise schwarzer Pfeffer
- 2 Esslöffel Avocadoöl
- 1 Esslöffel Tomatensauce, ohne Salzzusatz
- 1 Tasse natriumarme Gemüsebrühe
- 4 Lauch, grob gehackt
- ½ Tasse Zitronensaft

Tipps:
1. Eine Pfanne mit Öl bei mittlerer Hitze erhitzen, den Lauch dazugeben, vermischen und 10 Minuten braten.
2. Hähnchen und die restlichen Zutaten dazugeben, vermischen, weitere 20 Minuten bei mittlerer Hitze kochen, auf Tellern anrichten und servieren.

Ernährung: Kalorien 199, Fett 13,3, Ballaststoffe 5, Kohlenhydrate 7,6, Protein 17,4

Truthahn mit Wirsingmischung

Zubereitungszeit: 10 Minuten
Kochzeit: 35 Minuten
Portionen: 4

Zutaten:

- 1 große Putenbrust, ohne Haut, ohne Knochen, gewürfelt
- 1 Tasse natriumarme Hühnerbrühe
- 1 Esslöffel Kokosöl, geschmolzen
- 1 Wirsing, gehackt
- 1 Teelöffel Chilipulver
- 1 Teelöffel Paprika
- 1 Knoblauchzehe, gehackt
- 1 gelbe Zwiebel, gehackt
- Eine Prise Salz und schwarzer Pfeffer

Tipps:

1. Eine Pfanne mit Öl bei mittlerer Hitze erhitzen, das Fleisch hinzufügen und 5 Minuten braten.
2. Knoblauch und Zwiebel dazugeben, vermischen und weitere 5 Minuten braten.
3. Den Kohl und die restlichen Zutaten dazugeben, vermischen, zum Kochen bringen und bei mittlerer Hitze 25 Minuten kochen lassen.
4. Alles auf Teller verteilen und servieren.

Ernährung: Kalorien 299, Fett 14,5, Ballaststoffe 5, Kohlenhydrate 8,8, Protein 12,6

Hähnchen mit Pfefferpilzen

Zubereitungszeit: 10 Minuten
Kochzeit: 30 Minuten
Portionen: 4

Zutaten:
- 1 Pfund Hähnchenbrust, ohne Haut, ohne Knochen und in Scheiben geschnitten
- 4 Schalotten, gehackt
- 1 Esslöffel Olivenöl
- 1 Esslöffel Paprika
- 1 Tasse natriumarme Hühnerbrühe
- 1 Esslöffel Ingwer, gerieben
- 1 Teelöffel Oregano, getrocknet
- 1 Teelöffel Kreuzkümmel, gemahlen
- 1 Teelöffel Piment, gemahlen
- ½ Tasse Koriander, gehackt
- Eine Prise schwarzer Pfeffer

Tipps:
1. Eine Pfanne mit Öl bei mittlerer Hitze erhitzen, Schalotten und Fleisch hinzufügen und 5 Minuten braten.
2. Die restlichen Zutaten hinzufügen, vermischen, in den Ofen geben und 25 Minuten bei 180 °C backen.
3. Hähnchen und Schalotten auf Teller verteilen und servieren.

Ernährung: Kalorien 295, Fett 12,5, Ballaststoffe 6,9, Kohlenhydrate 22,4, Protein 15,6

Hähnchen-Senf-Sauce

Zubereitungszeit: 10 Minuten
Kochzeit: 35 Minuten
Portionen: 4

Zutaten:
- 1 Pfund Hähnchenschenkel, ohne Knochen und ohne Haut
- 1 Esslöffel Avocadoöl
- 2 Esslöffel Senf
- 1 Schalotte, gehackt
- 1 Tasse natriumarme Hühnerbrühe
- Eine Prise Salz und schwarzer Pfeffer
- 3 Knoblauchzehen, gehackt
- ½ Teelöffel Basilikum, getrocknet

Tipps:
1. Eine Pfanne mit Öl bei mittlerer Hitze erhitzen, Schalotte, Knoblauch und Hähnchen dazugeben und 5 Minuten braten.
2. Senf und die restlichen Zutaten hinzufügen, vorsichtig vermischen, aufkochen und bei mittlerer Hitze 30 Minuten kochen lassen.
3. Alles auf Teller verteilen und heiß servieren.

Ernährung: Kalorien 299, Fett 15,5, Ballaststoffe 6,6, Kohlenhydrate 30,3, Protein 12,5

Hühnchen-Sellerie-Mischung

Zubereitungszeit: 10 Minuten
Kochzeit: 35 Minuten
Portionen: 4

Zutaten:
- Eine Prise schwarzer Pfeffer
- 2 Pfund Hähnchenbrust, ohne Haut, ohne Knochen und gewürfelt
- 2 Esslöffel Olivenöl
- 1 Tasse Sellerie, gehackt
- 3 Knoblauchzehen, gehackt
- 1 Poblano-Pfeffer, gehackt
- 1 Tasse natriumarme Gemüsebrühe
- 1 Teelöffel Chilipulver
- 2 Esslöffel Schnittlauch, gehackt

Tipps:
1. Eine Pfanne mit Öl bei mittlerer Hitze erhitzen, Knoblauch, Sellerie und Poblano-Pfeffer hinzufügen, vermischen und 5 Minuten kochen lassen.
2. Das Fleisch dazugeben, vermischen und weitere 5 Minuten braten.
3. Die restlichen Zutaten außer dem Schnittlauch dazugeben, aufkochen und bei mittlerer Hitze weitere 25 Minuten kochen lassen.
4. Alles auf Teller verteilen und mit Schnittlauch bestreut servieren.

Ernährung: Kalorien 305, Fett 18, Ballaststoffe 13,4, Kohlenhydrate 22,5, Protein 6

Limettentruthahn mit neuen Kartoffeln

Zubereitungszeit: 10 Minuten
Kochzeit: 40 Minuten
Portionen: 4

Zutaten:
- 1 Putenbrust, ohne Haut, ohne Knochen, in Scheiben geschnitten
- 2 Esslöffel Olivenöl
- 1 Pfund neue Kartoffeln, geschält und halbiert
- 1 Esslöffel Paprika
- 1 gelbe Zwiebel, gehackt
- 1 Teelöffel Chilipulver
- 1 Teelöffel Rosmarin, getrocknet
- 2 Tassen natriumarme Hühnerbrühe
- Eine Prise schwarzer Pfeffer
- Schale von 1 Limette, gerieben
- 1 Esslöffel Limettensaft
- 1 Esslöffel Koriander, gehackt

Tipps:
1. Eine Pfanne mit Öl bei mittlerer Hitze erhitzen, Zwiebel, Chilipulver und Rosmarin hinzufügen, vermischen und 5 Minuten braten.
2. Das Fleisch hinzufügen und weitere 5 Minuten braten.
3. Die Kartoffeln und die restlichen Zutaten bis auf den Koriander dazugeben, vorsichtig vermischen, aufkochen und bei mittlerer Hitze 30 Minuten kochen lassen.
4. Die Mischung auf Teller verteilen und mit dem Koriander darüberstreuen servieren.

Ernährung: Kalorien 345, Fett 22,2, Ballaststoffe 12,3, Kohlenhydrate 34,5, Protein 16,4

Huhn mit grünem Senf

Zubereitungszeit: 10 Minuten
Kochzeit: 25 Minuten
Portionen: 4

Zutaten:
- 2 Hähnchenbrüste, ohne Haut, ohne Knochen, in Würfel geschnitten
- 3 Tassen grüner Senf
- 1 Tasse Dosentomaten, ohne Salzzusatz, gehackt
- 1 rote Zwiebel, gehackt
- 2 Esslöffel Avocadoöl
- 1 Teelöffel Oregano, getrocknet
- 2 Knoblauchzehen, gehackt
- 1 Esslöffel Schnittlauch, gehackt
- 1 Esslöffel Balsamico-Essig
- Eine Prise schwarzer Pfeffer

Tipps:
1. Eine Pfanne mit Öl bei mittlerer Hitze erhitzen, Zwiebel und Knoblauch hinzufügen und 5 Minuten braten.
2. Das Fleisch hinzufügen und weitere 5 Minuten braten.
3. Das Gemüse, die Tomaten und die restlichen Zutaten dazugeben, vermischen, 20 Minuten bei mittlerer Hitze kochen, auf Tellern anrichten und servieren.

Ernährung: Kalorien 290, Fett 12,3, Ballaststoffe 6,7, Kohlenhydrate 22,30, Protein 14,3

Gebackenes Hähnchen und Äpfel

Zubereitungszeit: 10 Minuten
Kochzeit: 50 Minuten
Portionen: 4

Zutaten:
- 2 Pfund Hähnchenschenkel, ohne Knochen und ohne Haut
- 2 Esslöffel Olivenöl
- 2 rote Zwiebeln, in Scheiben geschnitten
- Eine Prise schwarzer Pfeffer
- 1 Teelöffel getrockneter Thymian
- 1 Teelöffel Basilikum, getrocknet
- 1 Tasse grüne Äpfel, entkernt und grob gewürfelt
- 2 Knoblauchzehen, gehackt
- 2 Tassen natriumarme Hühnerbrühe
- 1 Esslöffel Zitronensaft
- 1 Tasse Tomaten, gewürfelt
- 1 Esslöffel Koriander, gehackt

Tipps:
1. Eine Pfanne mit Öl bei mittlerer Hitze erhitzen, Zwiebel und Knoblauch hinzufügen und 5 Minuten braten.
2. Hähnchen dazugeben und weitere 5 Minuten braten.
3. Thymian, Basilikum und die restlichen Zutaten hinzufügen, vorsichtig vermischen, in den Ofen geben und 40 Minuten bei 180 °C backen.
4. Die Hähnchen-Apfel-Mischung auf Teller verteilen und servieren.

Ernährung: Kalorien 290, Fett 12,3, Ballaststoffe 4, Kohlenhydrate 15,7, Protein 10

Chipotle-Hähnchen

Zubereitungszeit: 10 Minuten
Kochzeit: 1 Stunde
Portionen: 6

Zutaten:
- 2 Pfund Hähnchenschenkel, ohne Knochen und ohne Haut
- 1 gelbe Zwiebel, gehackt
- 2 Esslöffel Olivenöl
- 3 Knoblauchzehen, gehackt
- 1 Esslöffel Koriandersamen, gemahlen
- 1 Teelöffel Kreuzkümmel, gemahlen
- 1 Tasse natriumarme Hühnerbrühe
- 4 Esslöffel Chipotle-Chilipaste
- Eine Prise schwarzer Pfeffer
- 1 Esslöffel Koriander, gehackt

Tipps:
1. Eine Pfanne mit Öl bei mittlerer Hitze erhitzen, Zwiebel und Knoblauch hinzufügen und 5 Minuten braten.
2. Das Fleisch hinzufügen und weitere 5 Minuten braten.
3. Die restlichen Zutaten hinzufügen, vermischen, alles in den Ofen schieben und 50 Minuten bei 200 °C backen.
4. Die gesamte Mischung auf Teller verteilen und servieren.

Ernährung: Kalorien 280, Fett 12,1, Ballaststoffe 6,3, Kohlenhydrate 15,7, Protein 12

Kräutertruthahn

Zubereitungszeit: 10 Minuten
Kochzeit: 35 Minuten
Portionen: 4

Zutaten:
- 1 große Putenbrust, ohne Knochen, ohne Haut, in Scheiben geschnitten
- 1 Esslöffel Schnittlauch, gehackt
- 1 Esslöffel Oregano, gehackt
- 1 Esslöffel Basilikum, gehackt
- 1 Esslöffel Koriander, gehackt
- 2 Schalotten, gehackt
- 2 Esslöffel Olivenöl
- 1 Tasse natriumarme Hühnerbrühe
- 1 Tasse Tomaten, gewürfelt
- Salz und schwarzer Pfeffer nach Geschmack

Tipps:
1. Eine Pfanne mit Öl bei mittlerer Hitze erhitzen, Schalotten und Fleisch hinzufügen und 5 Minuten braten.
2. Schnittlauch und restliche Zutaten dazugeben, vermischen, aufkochen und bei mittlerer Hitze 30 Minuten kochen lassen.
3. Die Mischung auf Teller verteilen und servieren.

Ernährung: Kalorien 290, Fett 11,9, Ballaststoffe 5,5, Kohlenhydrate 16,2, Protein 9

Hähnchen-Ingwer-Sauce

Zubereitungszeit: 10 Minuten
Kochzeit: 35 Minuten
Portionen: 4

Zutaten:
- 1 Pfund Hähnchenbrust, ohne Haut, ohne Knochen und gewürfelt
- 1 Esslöffel Ingwer, gerieben
- 1 Esslöffel Olivenöl
- 2 Schalotten, gehackt
- 1 Esslöffel Balsamico-Essig
- Eine Prise schwarzer Pfeffer
- ¾ Tasse natriumarme Hühnerbrühe
- 1 Esslöffel Basilikum, gehackt

Tipps:
1. Eine Pfanne mit Öl bei mittlerer Hitze erhitzen, Schalotten und Ingwer hinzufügen, vermischen und 5 Minuten braten.
2. Die restlichen Zutaten außer dem Huhn dazugeben, vermischen, zum Kochen bringen und weitere 5 Minuten kochen lassen.
3. Hähnchen hinzufügen, vermischen, 25 Minuten kochen lassen, auf Tellern anrichten und servieren.

Ernährung: Kalorien 294, Fett 15,5, Ballaststoffe 3, Kohlenhydrate 15,4, Protein 13,1

Huhn und Mais

Zubereitungszeit: 10 Minuten
Kochzeit: 35 Minuten
Portionen: 4

Zutaten:
- 2 Pfund Hähnchenbrust ohne Haut und Knochen, halbiert
- 2 Tassen Mais
- 2 Esslöffel Avocadoöl
- Eine Prise schwarzer Pfeffer
- 1 Teelöffel geräuchertes Paprikapulver
- 1 Bund Frühlingszwiebel, gehackt
- 1 Tasse natriumarme Hühnerbrühe

Tipps:
1. Eine Pfanne mit Öl bei mittlerer Hitze erhitzen, Frühlingszwiebeln hinzufügen, vermischen und 5 Minuten braten.
2. Hähnchen dazugeben und weitere 5 Minuten braten.
3. Mais und die restlichen Zutaten hinzufügen, vermischen, die Pfanne in den Ofen stellen und 25 Minuten bei 190 °C garen.
4. Die Mischung auf Teller verteilen und servieren.

Ernährung: Kalorien 270, Fett 12,4, Ballaststoffe 5,2, Kohlenhydrate 12, Protein 9

Curry Türkiye und Quinoa

Zubereitungszeit: 10 Minuten
Kochzeit: 40 Minuten
Portionen: 4

Zutaten:
- 1 Pfund Putenbrust, ohne Haut, ohne Knochen, gewürfelt
- 1 Esslöffel Olivenöl
- 1 Tasse Quinoa
- 2 Tassen natriumarme Hühnerbrühe
- 1 Esslöffel Limettensaft
- 1 Esslöffel Petersilie, gehackt
- Eine Prise schwarzer Pfeffer
- 1 Esslöffel rote Currypaste

Tipps:
1. Eine Pfanne mit Öl bei mittlerer Hitze erhitzen, das Fleisch hinzufügen und 5 Minuten braten.
2. Quinoa und die restlichen Zutaten dazugeben, vermischen, zum Kochen bringen und bei mittlerer Hitze 35 Minuten kochen lassen.
3. Alles auf Teller verteilen und servieren.

Ernährung: Kalorien 310, Fett 8,5, Ballaststoffe 11, Kohlenhydrate 30,4, Protein 16,3

Truthahn und Kümmelpastinaken

Zubereitungszeit: 10 Minuten
Kochzeit: 40 Minuten
Portionen: 4

Zutaten:

- 1 Pfund Putenbrust, ohne Haut, ohne Knochen, gewürfelt
- 2 Pastinaken, geschält und gewürfelt
- 2 Teelöffel Kreuzkümmel, gemahlen
- 1 Esslöffel Petersilie, gehackt
- 2 Esslöffel Avocadoöl
- 2 Schalotten, gehackt
- 1 Tasse natriumarme Hühnerbrühe
- 4 Knoblauchzehen, gehackt
- Eine Prise schwarzer Pfeffer

Tipps:

1. Eine Pfanne mit Öl bei mittlerer Hitze erhitzen, Schalotten und Knoblauch hinzufügen und 5 Minuten braten.
2. Den Truthahn dazugeben, vermischen und weitere 5 Minuten kochen lassen.
3. Pastinaken und restliche Zutaten dazugeben, vermischen, weitere 30 Minuten bei mittlerer Hitze kochen, auf Tellern anrichten und servieren.

Ernährung: Kalorien 284, Fett 18,2, Ballaststoffe 4, Kohlenhydrate 16,7, Protein 12,3

Putenkichererbsen und Koriander

Zubereitungszeit: 10 Minuten
Kochzeit: 40 Minuten
Portionen: 4

Zutaten:

- 1 Tasse Kichererbsen aus der Dose, ohne Salzzusatz, abgetropft
- 1 Tasse natriumarme Hühnerbrühe
- 1 Pfund Putenbrust, ohne Haut, ohne Knochen, gewürfelt
- Eine Prise schwarzer Pfeffer
- 1 Teelöffel Oregano, getrocknet
- 1 Teelöffel Muskatnuss, gemahlen
- 2 Esslöffel Olivenöl
- 1 gelbe Zwiebel, gehackt
- 1 grüne Paprika, gehackt
- 1 Tasse Koriander, gehackt

Tipps:

1. Eine Pfanne mit Öl bei mittlerer Hitze erhitzen, Zwiebeln, Paprika und Fleisch hinzufügen und 10 Minuten unter häufigem Rühren braten.
2. Die restlichen Zutaten hinzufügen, vermischen, aufkochen und bei mittlerer Hitze 30 Minuten kochen lassen.
3. Die Mischung auf Teller verteilen und servieren.

Ernährung: Kalorien 304, Fett 11,2, Ballaststoffe 4,5, Kohlenhydrate 22,2, Protein 17

Truthahn-Linsen-Curry

Zubereitungszeit: 10 Minuten
Kochzeit: 40 Minuten
Portionen: 4

Zutaten:
- 2 Pfund Putenbrust, ohne Haut, ohne Knochen, gewürfelt
- 1 Tasse Linsen aus der Dose, ohne Salzzusatz, abgetropft und abgespült
- 1 Esslöffel grüne Currypaste
- 1 Teelöffel Garam Masala
- 2 Esslöffel Olivenöl
- 1 gelbe Zwiebel, gehackt
- 1 Knoblauchzehe, gehackt
- Eine Prise schwarzer Pfeffer
- 1 Esslöffel Koriander, gehackt

Tipps:
1. Eine Pfanne mit Öl bei mittlerer Hitze erhitzen, Zwiebel, Knoblauch und Fleisch hinzufügen und unter häufigem Rühren 5 Minuten braten.
2. Linsen und restliche Zutaten dazugeben, aufkochen und bei mittlerer Hitze 35 Minuten kochen lassen.
3. Die Mischung auf Teller verteilen und servieren.

Ernährung: Kalorien 489, Fett 12,1, Ballaststoffe 16,4, Kohlenhydrate 42,4, Protein 51,5

Truthahn mit Bohnen und Oliven

Zubereitungszeit: 10 Minuten
Kochzeit: 35 Minuten
Portionen: 4

Zutaten:
- 1 Tasse schwarze Bohnen, ohne Salzzusatz und abgetropft
- 1 Tasse grüne Oliven, entkernt und halbiert
- 1 Pfund Putenbrust, ohne Haut, ohne Knochen und in Scheiben geschnitten
- 1 Esslöffel Koriander, gehackt
- 1 Tasse Tomatensauce, ohne Salzzusatz
- 1 Esslöffel Olivenöl

Tipps:
1. Eine ofenfeste Form mit Öl einfetten, die Putenscheiben darin anrichten, die restlichen Zutaten hinzufügen, in den Ofen schieben und 35 Minuten bei 180 °C backen.
2. Auf Teller verteilen und servieren.

Ernährung: Kalorien 331, Fett 6,4, Ballaststoffe 9, Kohlenhydrate 38,5, Protein 30,7

Quinoa mit Huhn und Tomaten

Zubereitungszeit: 10 Minuten
Kochzeit: 35 Minuten
Portionen: 8

Zutaten:

- 1 Esslöffel Olivenöl
- 2 Pfund Hähnchenbrust ohne Haut und Knochen, halbiert
- 1 Teelöffel Rosmarin, gemahlen
- Eine Prise Salz und schwarzer Pfeffer
- 2 Schalotten, gehackt
- 1 Esslöffel Olivenöl
- 3 Esslöffel natriumarme Tomatensauce
- 2 Tassen Quinoa, bereits gekocht

Tipps:

1. Eine Pfanne mit Öl bei mittlerer Hitze erhitzen, Fleisch und Schalotten hinzufügen und von jeder Seite 2 Minuten braten.
2. Rosmarin und die restlichen Zutaten dazugeben, vermischen, in den Ofen geben und 30 Minuten bei 180 °C garen.
3. Die Mischung auf Teller verteilen und servieren.

Ernährung: Kalorien 406, Fett 14,5, Ballaststoffe 3,1, Kohlenhydrate 28,1, Protein 39

Piment Chicken Wings

Zubereitungszeit: 10 Minuten
Kochzeit: 20 Minuten
Portionen: 4

Zutaten:
- 2 Pfund Chicken Wings
- 2 Teelöffel Piment, gemahlen
- 2 Esslöffel Avocadoöl
- 5 Knoblauchzehen, gehackt
- Schwarzer Pfeffer nach Geschmack
- 2 Esslöffel Schnittlauch, gehackt

Tipps:
1. In einer Schüssel die Hähnchenflügel mit Piment und den restlichen Zutaten vermengen und gut vermischen.
2. Legen Sie die Hähnchenflügel in eine Bratpfanne und backen Sie sie 20 Minuten lang bei 200 Grad Celsius.
3. Die Hähnchenflügel auf Teller verteilen und servieren.

Ernährung: Kalorien 449, Fett 17,8, Ballaststoffe 0,6, Kohlenhydrate 2,4, Protein 66,1

Huhn und Zuckerschoten

Zubereitungszeit: 10 Minuten
Kochzeit: 30 Minuten
Portionen: 4

Zutaten:

- 2 Pfund Hähnchenbrust, ohne Haut, ohne Knochen und gewürfelt
- 2 Tassen Zuckerschoten
- 2 Esslöffel Olivenöl
- 1 rote Zwiebel, gehackt
- 1 Tasse Tomatensauce aus der Dose, ohne Salzzusatz
- 2 Esslöffel Petersilie, gehackt
- Eine Prise schwarzer Pfeffer

Tipps:

1. Eine Pfanne mit Öl bei mittlerer Hitze erhitzen, Zwiebel und Fleisch hinzufügen und 5 Minuten braten.
2. Erbsen und restliche Zutaten dazugeben, aufkochen und bei mittlerer Hitze 25 Minuten kochen lassen.
3. Die Mischung auf Teller verteilen und servieren.

Ernährung: Kalorien 551, Fett 24,2, Ballaststoffe 3,8, Kohlenhydrate 11,7, Protein 69,4

Eine Mischung aus Garnelen und Ananas

Zubereitungszeit: 10 Minuten
Kochzeit: 10 Minuten
Portionen: 4

Zutaten:
- 1 Esslöffel Olivenöl
- 1 Pfund Garnelen, geschält und entdarmt
- 1 Tasse Ananas, geschält und gewürfelt
- Saft von 1 Zitrone
- Ein Bund Petersilie, gehackt

Tipps:
1. Eine Pfanne mit Öl bei mittlerer Hitze erhitzen, die Garnelen hinzufügen und auf jeder Seite 3 Minuten braten.
2. Die restlichen Zutaten hinzufügen, weitere 4 Minuten kochen lassen, in Schüsseln verteilen und servieren.

Ernährung: Kalorien 254, Fett 13,3, Ballaststoffe 6, Kohlenhydrate 14,9, Protein 11

Lachs und grüne Oliven

Zubereitungszeit: 10 Minuten
Kochzeit: 20 Minuten
Portionen: 4

Zutaten:

- 1 gelbe Zwiebel, gehackt
- 1 Tasse grüne Oliven, entkernt und halbiert
- 1 Teelöffel Chilipulver
- Schwarzer Pfeffer nach Geschmack
- 2 Esslöffel Olivenöl
- ¼ Tasse natriumarme Gemüsebrühe
- 4 Lachsfilets, ohne Haut und ohne Gräten
- 2 Esslöffel Schnittlauch, gehackt

Tipps:

1. Eine Pfanne mit Öl bei mittlerer Hitze erhitzen, die Zwiebel hinzufügen und 3 Minuten braten.
2. Lachs dazugeben und auf jeder Seite 5 Minuten braten. Die restlichen Zutaten hinzufügen, weitere 5 Minuten braten, auf Tellern anrichten und servieren.

Ernährung: Kalorien 221, Fett 12,1, Ballaststoffe 5,4, Kohlenhydrate 8,5, Protein 11,2

Lachs und Fenchel

Zubereitungszeit: 5 Minuten
Kochzeit: 15 Minuten
Portionen: 4

Zutaten:
- 4 mittelgroße Lachsfilets, ohne Haut und Gräten
- 1 Fenchelknolle, gehackt
- ½ Tasse natriumarme Gemüsebrühe
- 2 Esslöffel Olivenöl
- Schwarzer Pfeffer nach Geschmack
- ¼ Tasse natriumarme Gemüsebrühe
- 1 Esslöffel Zitronensaft
- 1 Esslöffel Koriander, gehackt

Tipps:
1. Eine Pfanne mit Öl bei mittlerer Hitze erhitzen, Fenchel hinzufügen und 3 Minuten braten.
2. Den Fisch dazugeben und von jeder Seite 4 Minuten braten.
3. Die restlichen Zutaten hinzufügen, weitere 4 Minuten kochen lassen, auf Tellern anrichten und servieren.

Ernährung: Kalorien 252, Fett 9,3, Ballaststoffe 4,2, Kohlenhydrate 12,3, Protein 9

Kabeljau und Spargel

Zubereitungszeit: 10 Minuten
Kochzeit: 14 Minuten
Portionen: 4

Zutaten:
- 1 Esslöffel Olivenöl
- 1 rote Zwiebel, gehackt
- 1 Pfund Kabeljaufilets, ohne Knochen
- 1 Bund Spargel, gehackt
- Schwarzer Pfeffer nach Geschmack
- 1 Tasse Kokoscreme
- 1 Esslöffel Schnittlauch, gehackt

Tipps:
1. Eine Pfanne mit Öl bei mittlerer Hitze erhitzen, Zwiebel und Kabeljau hinzufügen und auf jeder Seite 3 Minuten braten.
2. Die restlichen Zutaten hinzufügen, weitere 8 Minuten kochen lassen, auf Tellern anrichten und servieren.

Ernährung: Kalorien 254, Fett 12,1, Ballaststoffe 5,4, Kohlenhydrate 4,2, Protein 13,5

Gewürzte Garnelen

Zubereitungszeit: 5 Minuten
Kochzeit: 8 Minuten
Portionen: 4

Zutaten:
- 1 Teelöffel Knoblauchpulver
- 1 Teelöffel geräuchertes Paprikapulver
- 1 Teelöffel Kreuzkümmel, gemahlen
- 1 Teelöffel Piment, gemahlen
- 2 Esslöffel Olivenöl
- 2 Pfund Garnelen, geschält und entdarmt
- 1 Esslöffel Schnittlauch, gehackt

Tipps:
1. Eine Pfanne mit Öl bei mittlerer Hitze erhitzen, Garnelen, Knoblauchpulver und andere Zutaten hinzufügen, auf jeder Seite 4 Minuten braten, in Schüsseln verteilen und servieren.

Ernährung: Kalorien 212, Fett 9,6, Ballaststoffe 5,3, Kohlenhydrate 12,7, Protein 15,4

Wolfsbarsch und Tomaten

Zubereitungszeit: 10 Minuten
Kochzeit: 30 Minuten
Portionen: 4

Zutaten:
- 2 Esslöffel Olivenöl
- 2 Pfund Wolfsbarschfilets, ohne Haut und ohne Knochen
- Schwarzer Pfeffer nach Geschmack
- 2 Tassen Kirschtomaten, halbiert
- 1 Esslöffel Schnittlauch, gehackt
- 1 Esslöffel Zitronenschale, gerieben
- ¼ Tasse Zitronensaft

Tipps:
1. Den Bräter mit Öl einfetten und den Fisch hineinlegen.
2. Fügen Sie die Tomaten und die restlichen Zutaten hinzu, stellen Sie die Pfanne in den Ofen und backen Sie sie 30 Minuten lang bei 380 Grad F.
3. Alles auf Teller verteilen und servieren.

Ernährung: Kalorien 272, Fett 6,9, Ballaststoffe 6,2, Kohlenhydrate 18,4, Protein 9

Garnelen und Bohnen

Zubereitungszeit: 10 Minuten
Kochzeit: 12 Minuten
Portionen: 4

Zutaten:
- 1 Pfund Garnelen, gereinigt und geschält
- 1 Esslöffel Olivenöl
- Saft von 1 Limette
- 1 Tasse schwarze Bohnen aus der Dose, ohne Salzzusatz, abgetropft
- 1 Schalotte, gehackt
- 1 Esslöffel Oregano, gehackt
- 2 Knoblauchzehen, gehackt
- Schwarzer Pfeffer nach Geschmack

Tipps:
1. Eine Pfanne mit Öl bei mittlerer Hitze erhitzen, Schalotte und Knoblauch hinzufügen, vermischen und 3 Minuten braten.
2. Garnelen hinzufügen und auf jeder Seite 2 Minuten braten.
3. Bohnen und restliche Zutaten dazugeben, alles weitere 5 Minuten bei mittlerer Hitze kochen, auf Schüsseln verteilen und servieren.

Ernährung: Kalorien 253, Fett 11,6, Ballaststoffe 6, Kohlenhydrate 14,5, Protein 13,5

Garnelen-Meerrettich-Mischung

Zubereitungszeit: 5 Minuten
Kochzeit: 8 Minuten
Portionen: 4

Zutaten:
- 1 Pfund Garnelen, geschält und entdarmt
- 2 Schalotten, gehackt
- 1 Esslöffel Olivenöl
- 1 Esslöffel Schnittlauch, gehackt
- 2 Teelöffel zubereiteter Meerrettich
- ¼ Tasse Kokoscreme
- Schwarzer Pfeffer nach Geschmack

Tipps:
4 Eine Pfanne mit Öl bei mittlerer Hitze erhitzen, Schalotten und Meerrettich hinzufügen, vermischen und 2 Minuten braten.
5 Garnelen und die restlichen Zutaten hinzufügen, vermischen, weitere 6 Minuten kochen, auf Tellern anrichten und servieren.

Ernährung: Kalorien 233, Fett 6, Ballaststoffe 5, Kohlenhydrate 11,9, Protein 5,4

Garnelen-Estragon-Salat

Zubereitungszeit: 4 Minuten
Kochzeit: 0 Minuten
Portionen: 4

Zutaten:
- 1 Pfund Garnelen, gekocht, geschält und entdarmt
- 1 Esslöffel Estragon, gehackt
- 1 Esslöffel Kapern, abgetropft
- 2 Esslöffel Olivenöl
- Schwarzer Pfeffer nach Geschmack
- 2 Tassen Babyspinat
- 1 Esslöffel Balsamico-Essig
- 1 kleine rote Zwiebel, in Scheiben geschnitten
- 2 Esslöffel Zitronensaft

Tipps:
4 In einer Schüssel die Garnelen mit Estragon und anderen Zutaten vermengen, vermischen und servieren.

Ernährung: Kalorien 258, Fett 12,4, Ballaststoffe 6, Kohlenhydrate 6,7, Protein 13,3

Eine Mischung aus Kabeljau und Parmesan

Zubereitungszeit: 10 Minuten
Kochzeit: 20 Minuten
Portionen: 4

Zutaten:
- 4 Kabeljaufilets, ohne Knochen
- ½ Tasse fettarmer Parmesankäse, gehackt
- 3 Knoblauchzehen, gehackt
- 1 Esslöffel Olivenöl
- 1 Esslöffel Zitronensaft
- ½ Tasse Frühlingszwiebel, gehackt

Tipps:
1. Eine Pfanne mit Öl bei mittlerer Hitze erhitzen, Knoblauch und Frühlingszwiebeln hinzufügen, vermischen und 5 Minuten braten.
2. Den Fisch dazugeben und von jeder Seite 4 Minuten braten.
3. Zitronensaft hinzufügen, mit Parmesan bestreuen, weitere 2 Minuten kochen lassen, auf Tellern anrichten und servieren.

Ernährung: Kalorien 275, Fett 22,1, Ballaststoffe 5, Kohlenhydrate 18,2, Protein 12

Eine Mischung aus Tilapia und roten Zwiebeln

Zubereitungszeit: 10 Minuten
Kochzeit: 15 Minuten
Portionen: 4

Zutaten:
- 4 Tilapiafilets, ohne Knochen
- 2 Esslöffel Olivenöl
- 1 Esslöffel Zitronensaft
- 2 Teelöffel geriebene Zitronenschale
- 2 rote Zwiebeln, grob gehackt
- 3 Esslöffel Schnittlauch, gehackt

Tipps:
1. Eine Pfanne mit Öl bei mittlerer Hitze erhitzen, Zwiebel, Zitronenschale und Zitronensaft hinzufügen, vermischen und 5 Minuten braten.
2. Fisch und Schnittlauch dazugeben, von jeder Seite 5 Minuten braten, auf Tellern anrichten und servieren.

Ernährung: Kalorien 254, Fett 18,2, Ballaststoffe 5,4, Kohlenhydrate 11,7, Protein 4,5

Forellensalat

Zubereitungszeit: 6 Minuten
Kochzeit: 0 Minuten
Portionen: 4

Zutaten:
- 4 Unzen geräucherte Forelle, ohne Haut, ohne Gräten und gewürfelt
- 1 Esslöffel Limettensaft
- 1/3 Tasse fettfreier Joghurt
- 2 Avocados, geschält, entkernt und gewürfelt
- 3 Esslöffel Schnittlauch, gehackt
- Schwarzer Pfeffer nach Geschmack
- 1 Esslöffel Olivenöl

Tipps:
1. In einer Schüssel die Forelle mit der Avocado und den restlichen Zutaten vermengen, vermischen und servieren.

Ernährung: Kalorien 244, Fett 9,45, Ballaststoffe 5,6, Kohlenhydrate 8,5, Protein 15

Balsamforelle

Zubereitungszeit: 5 Minuten
Kochzeit: 15 Minuten
Portionen: 4

Zutaten:
- 3 Esslöffel Balsamico-Essig
- 2 Esslöffel Olivenöl
- 4 Forellenfilets, ohne Gräten
- 3 Esslöffel Petersilie, fein gehackt
- 2 Knoblauchzehen, gehackt

Tipps:
1. Eine Pfanne mit Öl bei mittlerer Hitze erhitzen, die Forelle hinzufügen und auf jeder Seite 6 Minuten braten.
2. Die restlichen Zutaten hinzufügen, weitere 3 Minuten kochen lassen, auf Tellern anrichten und mit einem Beilagensalat servieren.

Ernährung: Kalorien 314, Fett 14,3, Ballaststoffe 8,2, Kohlenhydrate 14,8, Protein 11,2

Petersilienlachs

Zubereitungszeit: 5 Minuten
Kochzeit: 12 Minuten
Portionen: 4

Zutaten:
- 2 Frühlingszwiebeln, gehackt
- 2 Teelöffel Limettensaft
- 1 Esslöffel Schnittlauch, gehackt
- 1 Esslöffel Olivenöl
- 4 Lachsfilets, ohne Knochen
- Schwarzer Pfeffer nach Geschmack
- 2 Esslöffel Petersilie, gehackt

Tipps:
1. Eine Pfanne mit Öl bei mittlerer Hitze erhitzen, Frühlingszwiebeln hinzufügen, vermischen und 2 Minuten braten.
2. Lachs und restliche Zutaten dazugeben, auf jeder Seite 5 Minuten braten, auf Tellern anrichten und servieren.

Ernährung: Kalorien 290, Fett 14,4, Ballaststoffe 5,6, Kohlenhydrate 15,6, Protein 9,5

Forellen-Gemüse-Salat

Zubereitungszeit: 5 Minuten
Kochzeit: 0 Minuten
Portionen: 4

Zutaten:
- 2 Esslöffel Olivenöl
- ½ Tasse Kalamata-Oliven, entkernt und gehackt
- Schwarzer Pfeffer nach Geschmack
- 1 Pfund geräucherte Forelle, ohne Knochen, ohne Haut und gewürfelt
- ½ Teelöffel abgeriebene Zitronenschale
- 1 Esslöffel Zitronensaft
- 1 Tasse Kirschtomaten, halbiert
- ½ rote Zwiebel, in Scheiben geschnitten
- 2 Tassen junger Rucola

Tipps:
1. In einer Schüssel die geräucherte Forelle mit Oliven, schwarzem Pfeffer und den restlichen Zutaten vermengen, vermischen und servieren.

Ernährung: Kalorien 282, Fett 13,4, Ballaststoffe 5,3, Kohlenhydrate 11,6, Protein 5,6

Safranlachs

Zubereitungszeit: 10 Minuten
Kochzeit: 12 Minuten
Portionen: 4

Zutaten:
- Schwarzer Pfeffer nach Geschmack
- ½ Teelöffel Paprika
- 4 Lachsfilets, ohne Knochen
- 3 Esslöffel Olivenöl
- 1 gelbe Zwiebel, gehackt
- 2 Knoblauchzehen, gehackt
- ¼ Teelöffel Safranpulver

Tipps:
1. Eine Pfanne mit Öl bei mittlerer Hitze erhitzen, Zwiebel und Knoblauch hinzufügen, vermischen und 2 Minuten braten.
2. Lachs und restliche Zutaten dazugeben, auf jeder Seite 5 Minuten braten, auf Tellern anrichten und servieren.

Ernährung: Kalorien 339, Fett 21,6, Ballaststoffe 0,7, Kohlenhydrate 3,2, Protein 35

Garnelen-Wassermelonen-Salat

Zubereitungszeit: 10 Minuten
Kochzeit: 0 Minuten
Portionen: 4

Zutaten:
- ¼ Tasse Basilikum, gehackt
- 2 Tassen Wassermelone, geschält und gewürfelt
- 2 Esslöffel Balsamico-Essig
- 2 Esslöffel Olivenöl
- 1 Pfund Garnelen, geschält, entdarmt und gekocht
- Schwarzer Pfeffer nach Geschmack
- 1 Esslöffel Petersilie, gehackt

Tipps:
1. In einer Schüssel die Garnelen mit der Wassermelone und den restlichen Zutaten vermengen, vermischen und servieren.

Ernährung: Kalorien 220, Fett 9, Ballaststoffe 0,4, Kohlenhydrate 7,6, Protein 26,4

Oregano-Salat mit Garnelen und Quinoa

Zubereitungszeit: 5 Minuten
Kochzeit: 8 Minuten
Portionen: 4

Zutaten:
- 1 Pfund Garnelen, geschält und entdarmt
- 1 Tasse Quinoa, gekocht
- Schwarzer Pfeffer nach Geschmack
- 1 Esslöffel Olivenöl
- 1 Esslöffel Oregano, gehackt
- 1 rote Zwiebel, gehackt
- Saft von 1 Zitrone

Tipps:
1. Eine Pfanne mit Öl bei mittlerer Hitze erhitzen, die Zwiebel dazugeben, vermischen und 2 Minuten braten.
2. Garnelen hinzufügen, mischen und 5 Minuten kochen lassen.
3. Die restlichen Zutaten dazugeben, vermischen, alles in Schüsseln verteilen und servieren.

Ernährung: Kalorien 336, Fett 8,2, Ballaststoffe 4,1, Kohlenhydrate 32,3, Protein 32,3

Krabbensalat

Zubereitungszeit: 10 Minuten
Kochzeit: 0 Minuten
Portionen: 4

Zutaten:
- 1 Esslöffel Olivenöl
- 2 Tassen Krabbenfleisch
- Schwarzer Pfeffer nach Geschmack
- 1 Tasse Kirschtomaten, halbiert
- 1 Schalotte, gehackt
- 1 Esslöffel Zitronensaft
- 1/3 Tasse Koriander, gehackt

Tipps:
1. In einer Schüssel die Krabbe mit den Tomaten und den restlichen Zutaten vermengen, vermischen und servieren.

Ernährung: Kalorien 54, Fett 3,9, Ballaststoffe 0,6, Kohlenhydrate 2,6, Protein 2,3

Balsamico-Jakobsmuscheln

Zubereitungszeit: 4 Minuten
Kochzeit: 6 Minuten
Portionen: 4

Zutaten:
- 12 Unzen Jakobsmuscheln
- 2 Esslöffel Olivenöl
- 2 Knoblauchzehen, gehackt
- 1 Esslöffel Balsamico-Essig
- 1 Tasse Zwiebel, in Scheiben geschnitten
- 2 Esslöffel Koriander, gehackt

Tipps:
1. Eine Pfanne mit Öl bei mittlerer Hitze erhitzen, Zwiebel und Knoblauch hinzufügen und 2 Minuten braten.
2. Jakobsmuscheln und restliche Zutaten dazugeben, auf jeder Seite 2 Minuten braten, auf Tellern anrichten und servieren.

Ernährung: Kalorien 146, Fett 7,7, Ballaststoffe 0,7, Kohlenhydrate 4,4, Protein 14,8

Cremige Flundermischung

Zubereitungszeit: 10 Minuten
Kochzeit: 20 Minuten
Portionen: 4

Zutaten:
- 2 Esslöffel Olivenöl
- 1 rote Zwiebel, gehackt
- Schwarzer Pfeffer nach Geschmack
- ½ Tasse natriumarme Gemüsebrühe
- 4 Flunderfilets, ohne Knochen
- ½ Tasse Kokoscreme
- 1 Esslöffel Dill, gehackt

Tipps:
1. Eine Pfanne mit Öl bei mittlerer Hitze erhitzen, die Zwiebel dazugeben, vermischen und 5 Minuten braten.
2. Den Fisch dazugeben und von jeder Seite 4 Minuten braten.
3. Die restlichen Zutaten hinzufügen, weitere 7 Minuten kochen lassen, auf Tellern anrichten und servieren.

Ernährung: Kalorien 232, Fett 12,3, Ballaststoffe 4, Kohlenhydrate 8,7, Protein 12

Eine würzige Mischung aus Lachs und Mango

Zubereitungszeit: 5 Minuten
Kochzeit: 0 Minuten
Portionen: 4

Zutaten:
- 1 Pfund geräucherter Lachs, ohne Knochen, ohne Haut und in Flocken
- Schwarzer Pfeffer nach Geschmack
- 1 rote Zwiebel, gehackt
- 1 Mango, geschält, entkernt und gehackt
- 2 Jalapenopfeffer, gehackt
- ¼ Tasse Petersilie, gehackt
- 3 Esslöffel Limettensaft
- 1 Esslöffel Olivenöl

Tipps:
2. In einer Schüssel den Lachs mit schwarzem Pfeffer und den restlichen Zutaten vermengen, vermischen und servieren.

Ernährung: Kalorien 323, Fett 14,2, Ballaststoffe 4, Kohlenhydrate 8,5, Protein 20,4

Dill-Garnelen-Mix

Zubereitungszeit: 5 Minuten
Kochzeit: 0 Minuten
Portionen: 4

Zutaten:

- 2 Teelöffel Zitronensaft
- 1 Esslöffel Olivenöl
- 1 Esslöffel Dill, gehackt
- 1 Pfund Garnelen, gekocht, geschält und entdarmt
- Schwarzer Pfeffer nach Geschmack
- 1 Tasse Radieschen, gewürfelt

Tipps:

1. In einer Schüssel die Garnelen mit Zitronensaft und den restlichen Zutaten vermischen, vermischen und servieren.

Ernährung: Kalorien 292, Fett 13, Ballaststoffe 4,4, Kohlenhydrate 8, Protein 16,4

Lachspastete

Zubereitungszeit: 4 Minuten
Kochzeit: 0 Minuten
Portionen: 6

Zutaten:
- 6 Unzen geräucherter Lachs, ohne Knochen, ohne Haut und zerkleinert
- 2 Esslöffel fettfreier Joghurt
- 3 Teelöffel Zitronensaft
- 2 Frühlingszwiebeln, gehackt
- 8 Unzen fettarmer Frischkäse
- ¼ Tasse Koriander, gehackt

Tipps:
1. In einer Schüssel den Lachs mit Joghurt und anderen Zutaten vermischen, vermischen und kalt servieren.

Ernährung: Kalorien 272, Fett 15,2, Ballaststoffe 4,3, Kohlenhydrate 16,8, Protein 9,9

Garnelen mit Artischocken

Zubereitungszeit: 4 Minuten
Kochzeit: 8 Minuten
Portionen: 4

Zutaten:
- 2 Frühlingszwiebeln, gehackt
- 1 Tasse Artischocken aus der Dose, ungesalzen, abgetropft und geviertelt
- 2 Esslöffel Koriander, gehackt
- 1 Pfund Garnelen, geschält und entdarmt
- 1 Tasse Kirschtomaten, gewürfelt
- 1 Esslöffel Olivenöl
- 1 Esslöffel Balsamico-Essig
- Eine Prise Salz und schwarzer Pfeffer

Tipps:
1. Eine Pfanne mit Öl bei mittlerer Hitze erhitzen, Zwiebeln und Artischocken hinzufügen, vermischen und 2 Minuten braten.
2. Garnelen hinzufügen, vermischen und bei mittlerer Hitze 6 Minuten kochen lassen.
3. Alles auf Schüsseln verteilen und servieren.

Ernährung: Kalorien 260, Fett 8,23, Ballaststoffe 3,8, Kohlenhydrate 14,3, Protein 12,4

Garnelen mit Zitronensauce

Zubereitungszeit: 5 Minuten
Kochzeit: 8 Minuten
Portionen: 4

Zutaten:

- 1 Pfund Garnelen, geschält und entdarmt
- 2 Esslöffel Olivenöl
- Abgeriebene Schale von 1 Zitrone
- Saft einer halben Zitrone
- 1 Esslöffel Schnittlauch, gehackt

Tipps:

1. Eine Pfanne mit Öl bei mittlerer Hitze erhitzen, Zitronenschale, Zitronensaft und Koriander hinzufügen, vermischen und 2 Minuten braten.
2. Garnelen dazugeben, weitere 6 Minuten garen, auf Tellern anrichten und servieren.

Ernährung: Kalorien 195, Fett 8,9, Ballaststoffe 0, Kohlenhydrate 1,8, Protein 25,9

Eine Mischung aus Thunfisch und Orange

Zubereitungszeit: 5 Minuten
Kochzeit: 12 Minuten
Portionen: 4

Zutaten:
- 4 Thunfischfilets, ohne Knochen
- Schwarzer Pfeffer nach Geschmack
- 2 Esslöffel Olivenöl
- 2 Schalotten, gehackt
- 3 Esslöffel Orangensaft
- 1 Orange, geschält und in Stücke geschnitten
- 1 Esslöffel Oregano, gehackt

Tipps:
1. Eine Pfanne mit Öl bei mittlerer Hitze erhitzen, Schalotten hinzufügen, vermischen und 2 Minuten braten.
2. Den Thunfisch und die restlichen Zutaten hinzufügen, alles weitere 10 Minuten kochen lassen, auf Tellern anrichten und servieren.

Ernährung: Kalorien 457, Fett 38,2, Ballaststoffe 1,6, Kohlenhydrate 8,2, Protein 21,8

Lachscurry

Zubereitungszeit: 10 Minuten
Kochzeit: 20 Minuten
Portionen: 4

Zutaten:
- 1 Pfund Lachsfilet, ohne Knochen und gewürfelt
- 3 Esslöffel rote Currypaste
- 1 rote Zwiebel, gehackt
- 1 Teelöffel Paprika
- 1 Tasse Kokoscreme
- 1 Esslöffel Olivenöl
- Schwarzer Pfeffer nach Geschmack
- ½ Tasse natriumarme Hühnerbrühe
- 3 Esslöffel Basilikum, gehackt

Tipps:
1. Eine Pfanne mit Öl bei mittlerer Hitze erhitzen, Zwiebeln, Paprika und Currypaste hinzufügen, vermischen und 5 Minuten braten.
2. Lachs und restliche Zutaten dazugeben, vorsichtig vermischen, bei mittlerer Hitze 15 Minuten kochen, in Schüsseln verteilen und servieren.

Ernährung: Kalorien 377, Fett 28,3, Ballaststoffe 2,1, Kohlenhydrate 8,5, Protein 23,9

Eine Mischung aus Lachs und Karotten

Zubereitungszeit: 10 Minuten
Kochzeit: 15 Minuten
Portionen: 4

Zutaten:
- 4 Lachsfilets, ohne Knochen
- 1 rote Zwiebel, gehackt
- 2 Karotten, gehackt
- 2 Esslöffel Olivenöl
- 2 Esslöffel Balsamico-Essig
- Schwarzer Pfeffer nach Geschmack
- 2 Esslöffel Schnittlauch, gehackt
- ¼ Tasse natriumarme Gemüsebrühe

Tipps:
1. Eine Pfanne mit Öl bei mittlerer Hitze erhitzen, Zwiebel und Karotte hinzufügen, vermischen und 5 Minuten braten.
2. Lachs und restliche Zutaten dazugeben, weitere 10 Minuten garen, auf Tellern anrichten und servieren.

Ernährung: Kalorien 322, Fett 18, Ballaststoffe 1,4, Kohlenhydrate 6, Protein 35,2

Garnelen- und Pinienkernmischung

Zubereitungszeit: 10 Minuten
Kochzeit: 10 Minuten
Portionen: 4

Zutaten:
- 1 Pfund Garnelen, geschält und entdarmt
- 2 Esslöffel Pinienkerne
- 1 Esslöffel Limettensaft
- 2 Esslöffel Olivenöl
- 3 Knoblauchzehen, gehackt
- Schwarzer Pfeffer nach Geschmack
- 1 Esslöffel Thymian, gehackt
- 2 Esslöffel Schnittlauch, fein gehackt

Tipps:
1. Eine Pfanne mit Öl bei mittlerer Hitze erhitzen, Knoblauch, Thymian, Pinienkerne und Limettensaft hinzufügen, vermischen und 3 Minuten braten.
2. Garnelen, schwarzen Pfeffer und Schnittlauch hinzufügen, vermischen, weitere 7 Minuten kochen lassen, auf Teller verteilen und servieren.

Ernährung: Kalorien 290, Fett 13, Ballaststoffe 4,5, Kohlenhydrate 13,9, Protein 10

Chili-Kabeljau und grüne Bohnen

Zubereitungszeit: 10 Minuten
Kochzeit: 14 Minuten
Portionen: 4

Zutaten:
- 4 Kabeljaufilets, ohne Knochen
- ½ Pfund grüne Bohnen, geputzt und halbiert
- 1 Esslöffel Limettensaft
- 1 Esslöffel abgeriebene Limettenschale
- 1 gelbe Zwiebel, gehackt
- 2 Esslöffel Olivenöl
- 1 Teelöffel Kreuzkümmel, gemahlen
- 1 Teelöffel Chilipulver
- ½ Tasse natriumarme Gemüsebrühe
- Eine Prise Salz und schwarzer Pfeffer

Tipps:
1. Eine Pfanne mit Öl bei mittlerer Hitze erhitzen, die Zwiebel dazugeben, vermischen und 2 Minuten braten.
2. Den Fisch dazugeben und von jeder Seite 3 Minuten braten.
3. Grüne Bohnen und die restlichen Zutaten dazugeben, vorsichtig vermischen, weitere 7 Minuten kochen, auf Tellern anrichten und servieren.

Ernährung: Kalorien 220, Fett 13, Kohlenhydrate 14,3, Ballaststoffe 2,3, Protein 12

Knoblauch-Jakobsmuscheln

Zubereitungszeit: 5 Minuten
Kochzeit: 8 Minuten
Portionen: 4

Zutaten:
- 12 Jakobsmuscheln
- 1 rote Zwiebel, in Scheiben geschnitten
- 2 Esslöffel Olivenöl
- ½ Teelöffel Knoblauch, gehackt
- 2 Esslöffel Zitronensaft
- Schwarzer Pfeffer nach Geschmack
- 1 Teelöffel Balsamico-Essig

Tipps:
1. Eine Pfanne mit Öl bei mittlerer Hitze erhitzen, Zwiebel und Knoblauch hinzufügen und 2 Minuten braten.
2. Jakobsmuscheln und restliche Zutaten dazugeben, weitere 6 Minuten bei mittlerer Hitze kochen, auf Tellern anrichten und heiß servieren.

Ernährung: Kalorien 259, Fett 8, Ballaststoffe 3, Kohlenhydrate 5,7, Protein 7

Cremiger Wolfsbarsch-Mix

Zubereitungszeit: 10 Minuten
Kochzeit: 14 Minuten
Portionen: 4

Zutaten:
- 4 Wolfsbarschfilets, ohne Knochen
- 1 Tasse Kokoscreme
- 1 gelbe Zwiebel, gehackt
- 1 Esslöffel Limettensaft
- 2 Esslöffel Avocadoöl
- 1 Esslöffel Petersilie, gehackt
- Eine Prise schwarzer Pfeffer

Tipps:
1. Eine Pfanne mit Öl bei mittlerer Hitze erhitzen, die Zwiebel dazugeben, vermischen und 2 Minuten braten.
2. Den Fisch dazugeben und von jeder Seite 4 Minuten braten.
3. Die restlichen Zutaten hinzufügen, weitere 4 Minuten kochen lassen, auf Tellern anrichten und servieren.

Ernährung: Kalorien 283, Fett 12,3, Ballaststoffe 5, Kohlenhydrate 12,5, Protein 8

Eine Mischung aus Wolfsbarsch und Pilzen

Zubereitungszeit: 10 Minuten
Kochzeit: 13 Minuten
Portionen: 4

Zutaten:
- 4 Wolfsbarschfilets, ohne Knochen
- 2 Esslöffel Olivenöl
- Schwarzer Pfeffer nach Geschmack
- ½ Tasse weiße Champignons, in Scheiben geschnitten
- 1 rote Zwiebel, gehackt
- 2 Esslöffel Balsamico-Essig
- 3 Esslöffel Koriander, gehackt

Tipps:
1. Eine Pfanne mit Öl bei mittlerer Hitze erhitzen, Zwiebeln und Pilze hinzufügen, vermischen und 5 Minuten braten.
2. Den Fisch und die restlichen Zutaten dazugeben, von jeder Seite 4 Minuten braten, alles auf Tellern anrichten und servieren.

Ernährung: Kalorien 280, Fett 12,3, Ballaststoffe 8, Kohlenhydrate 13,6, Protein 14,3

Lachssuppe

Zubereitungszeit: 5 Minuten
Kochzeit: 20 Minuten
Portionen: 4

Zutaten:
- 1 Pfund Lachsfilets, ohne Knochen, ohne Haut und gewürfelt
- 1 Tasse gelbe Zwiebel, gehackt
- 2 Esslöffel Olivenöl
- Schwarzer Pfeffer nach Geschmack
- 2 Tassen natriumarme Gemüsebrühe
- 1 und ½ Tassen Tomaten, gehackt
- 1 Esslöffel Basilikum, gehackt

Tipps:
1. Einen Topf mit Öl bei mittlerer Hitze erhitzen, die Zwiebel dazugeben, vermischen und 5 Minuten braten.
2. Lachs und restliche Zutaten hinzufügen, zum Kochen bringen und bei mittlerer Hitze 15 Minuten kochen lassen.
3. Die Suppe auf Schüsseln verteilen und servieren.

Ernährung: Kalorien 250, Fett 12,2, Ballaststoffe 5, Kohlenhydrate 8,5, Protein 7

Garnelen-Muskatnuss

Zubereitungszeit: 3 Minuten
Kochzeit: 6 Minuten
Portionen: 4

Zutaten:

- 1 Pfund Garnelen, geschält und entdarmt
- 2 Esslöffel Olivenöl
- 1 Esslöffel Zitronensaft
- 1 Esslöffel Muskatnuss, gemahlen
- Schwarzer Pfeffer nach Geschmack
- 1 Esslöffel Koriander, gehackt

Tipps:

1. Eine Pfanne mit Öl bei mittlerer Hitze erhitzen, Garnelen, Zitronensaft und andere Zutaten hinzufügen, vermischen, 6 Minuten kochen lassen, in Schüsseln verteilen und servieren.

Ernährung: Kalorien 205, Fett 9,6, Ballaststoffe 0,4, Kohlenhydrate 2,7, Protein 26

Garnelen- und Blaubeermischung

Zubereitungszeit: 4 Minuten
Kochzeit: 6 Minuten
Portionen: 4

Zutaten:
- 1 Pfund Garnelen, geschält und entdarmt
- ½ Tasse Tomaten, gewürfelt
- 2 Esslöffel Olivenöl
- 1 Esslöffel Balsamico-Essig
- ½ Tasse Erdbeeren, gehackt
- Schwarzer Pfeffer nach Geschmack

Tipps:
1. Eine Pfanne mit Öl bei mittlerer Hitze erhitzen, Garnelen hinzufügen, vermischen und 3 Minuten braten.
2. Die restlichen Zutaten hinzufügen, vermischen, weitere 3-4 Minuten kochen lassen, in Schüsseln verteilen und servieren.

Ernährung: Kalorien 205, Fett 9, Ballaststoffe 0,6, Kohlenhydrate 4, Protein 26,2

Gebackene Zitronenforelle

Zubereitungszeit: 10 Minuten
Kochzeit: 30 Minuten
Portionen: 4

Zutaten:

- 4 Forellen
- 1 Esslöffel Zitronenschale, gerieben
- 2 Esslöffel Olivenöl
- 2 Esslöffel Zitronensaft
- Eine Prise schwarzer Pfeffer
- 2 Esslöffel Koriander, gehackt

Tipps:

1. In einer Auflaufform den Fisch mit der Zitronenschale und den restlichen Zutaten vermengen und einreiben.
2. 30 Minuten bei 180 °C backen, auf Teller verteilen und servieren.

Ernährung: Kalorien 264, Fett 12,3, Ballaststoffe 5, Kohlenhydrate 7, Protein 11

Schnittlauch-Jakobsmuscheln

Zubereitungszeit: 3 Minuten
Kochzeit: 4 Minuten
Portionen: 4

Zutaten:
- 12 Jakobsmuscheln
- 2 Esslöffel Olivenöl
- Schwarzer Pfeffer nach Geschmack
- 2 Esslöffel Schnittlauch, gehackt
- 1 Esslöffel Paprika

Tipps:
1. Eine Pfanne mit Öl bei mittlerer Hitze erhitzen, Jakobsmuscheln, Paprika und andere Zutaten hinzufügen und auf jeder Seite 2 Minuten braten.
2. Auf Teller verteilen und mit einem Beilagensalat servieren.

Ernährung: Kalorien 215, Fett 6, Ballaststoffe 5, Kohlenhydrate 4,5, Protein 11

Thunfischfleischbällchen

Zubereitungszeit: 10 Minuten
Kochzeit: 30 Minuten
Portionen: 4

Zutaten:
- 2 Esslöffel Olivenöl
- 1 Pfund Thunfisch, ohne Haut, ohne Knochen und gemahlen
- 1 gelbe Zwiebel, gehackt
- ¼ Tasse Schnittlauch, gehackt
- 1 Ei, geschlagen
- 1 Esslöffel Kokosmehl
- Eine Prise Salz und schwarzer Pfeffer

Tipps:
1. In einer Schüssel den Thunfisch mit der Zwiebel und den restlichen Zutaten bis auf das Öl vermischen, gut vermischen und daraus mittelgroße Fleischbällchen formen.
2. Legen Sie die Fleischbällchen auf ein Backblech, bestreichen Sie sie mit Öl, geben Sie sie in den auf 180 °C vorgeheizten Ofen, backen Sie sie 30 Minuten lang, verteilen Sie sie auf Teller und servieren Sie sie.

Ernährung: Kalorien 291, Fett 14,3, Ballaststoffe 5, Kohlenhydrate 12,4, Protein 11

Bratpfanne mit Lachs

Zubereitungszeit: 10 Minuten
Kochzeit: 12 Minuten
Portionen: 4

Zutaten:
- 4 Lachsfilets, ohne Knochen und grob gewürfelt
- 2 Esslöffel Olivenöl
- 1 rote Paprika, in Streifen geschnitten
- 1 Zucchini, grob gewürfelt
- 1 Aubergine, grob gewürfelt
- 1 Esslöffel Zitronensaft
- 1 Esslöffel Dill, gehackt
- ¼ Tasse natriumarme Gemüsebrühe
- 1 Teelöffel Knoblauchpulver
- Eine Prise schwarzer Pfeffer

Tipps:
1. Eine Pfanne mit Öl bei mittlerer Hitze erhitzen, Paprika, Zucchini und Auberginen hinzufügen, vermischen und 3 Minuten braten.
2. Lachs und restliche Zutaten dazugeben, vorsichtig vermischen, weitere 9 Minuten garen, auf Tellern anrichten und servieren.

Ernährung: Kalorien 348, Fett 18,4, Ballaststoffe 5,3, Kohlenhydrate 11,9, Protein 36,9

Senf-Kabeljau-Mischung

Zubereitungszeit: 10 Minuten
Kochzeit: 25 Minuten
Portionen: 4

Zutaten:
- 4 Kabeljaufilets, ohne Haut und ohne Gräten
- Eine Prise schwarzer Pfeffer
- 1 Teelöffel Ingwer, gerieben
- 1 Esslöffel Senf
- 2 Esslöffel Olivenöl
- 1 Teelöffel getrockneter Thymian
- ¼ Teelöffel Kreuzkümmel, gemahlen
- 1 Teelöffel Kurkumapulver
- ¼ Tasse Koriander, gehackt
- 1 Tasse natriumarme Gemüsebrühe
- 3 Knoblauchzehen, gehackt

Tipps:
1. In einer Bratpfanne den Kabeljau mit dem schwarzen Pfeffer, dem Ingwer und den restlichen Zutaten vermischen, vorsichtig vermischen und 25 Minuten bei 180 °C backen.
2. Die Mischung auf Teller verteilen und servieren.

Ernährung: Kalorien 176, Fett 9, Ballaststoffe 1, Kohlenhydrate 3,7, Protein 21,2

Garnelen-Spargel-Mischung

Zubereitungszeit: 10 Minuten
Kochzeit: 14 Minuten
Portionen: 4

Zutaten:
- 1 Bund Spargel, halbiert
- 1 Pfund Garnelen, geschält und entdarmt
- Schwarzer Pfeffer nach Geschmack
- 2 Esslöffel Olivenöl
- 1 rote Zwiebel, gehackt
- 2 Knoblauchzehen, gehackt
- 1 Tasse Kokoscreme

Tipps:
1. Eine Pfanne mit Öl bei mittlerer Hitze erhitzen, Zwiebel, Knoblauch und Spargel hinzufügen, vermischen und 4 Minuten braten.
2. Garnelen und restliche Zutaten dazugeben, vermischen, bei mittlerer Hitze 10 Minuten kochen, alles in Schüsseln füllen und servieren.

Ernährung: Kalorien 225, Fett 6, Ballaststoffe 3,4, Kohlenhydrate 8,6, Protein 8

Kabeljau und Erbsen

Zubereitungszeit: 10 Minuten
Kochzeit: 20 Minuten
Portionen: 4

Zutaten:
- 1 gelbe Zwiebel, gehackt
- 2 Esslöffel Olivenöl
- ½ Tasse natriumarme Hühnerbrühe
- 4 Kabeljaufilets, ohne Gräten, ohne Haut
- Schwarzer Pfeffer nach Geschmack
- 1 Tasse Zuckerschoten

Tipps:
1. Einen Topf mit Öl bei mittlerer Hitze erhitzen, die Zwiebel dazugeben, vermischen und 4 Minuten braten.
2. Den Fisch dazugeben und von jeder Seite 3 Minuten braten.
3. Zuckerschoten und restliche Zutaten hinzufügen, weitere 10 Minuten kochen lassen, auf Tellern anrichten und servieren.

Ernährung: Kalorien 240, Fett 8,4, Ballaststoffe 2,7, Kohlenhydrate 7,6, Protein 14

Schüsseln mit Garnelen und Muscheln

Zubereitungszeit: 5 Minuten
Kochzeit: 12 Minuten
Portionen: 4

Zutaten:
- 1 Pfund Muscheln, geschrubbt
- ½ Tasse natriumarme Hühnerbrühe
- 1 Pfund Garnelen, geschält und entdarmt
- 2 Schalotten, gehackt
- 1 Tasse Kirschtomaten, gewürfelt
- 2 Knoblauchzehen, gehackt
- 1 Esslöffel Olivenöl
- Saft von 1 Zitrone

Tipps:
1. Eine Pfanne mit Öl bei mittlerer Hitze erhitzen, Schalotten und Knoblauch hinzufügen und 2 Minuten braten.
2. Garnelen, Muscheln und die restlichen Zutaten hinzufügen, alles bei mittlerer Hitze 10 Minuten kochen lassen, auf Schüsseln verteilen und servieren.

Ernährung: Kalorien 240, Fett 4,9, Ballaststoffe 2,4, Kohlenhydrate 11,6, Protein 8

Rezepte für das Dash-Diät-Dessert

Minzcreme

Vorbereitungszeit:2 Stunden und 4 Minuten

Kochzeit: 0 Minuten
Portionen: 4

Zutaten:
- 4 Tassen fettfreier Joghurt
- 1 Tasse Kokoscreme
- 3 Esslöffel Stevia
- 2 Teelöffel geriebene Limettenschale
- 1 Esslöffel gehackte Minze

Tipps:
1. Die Sahne mit dem Joghurt und den restlichen Zutaten in einem Mixer vermischen, gut pürieren, in Tassen füllen und vor dem Servieren 2 Stunden in den Kühlschrank stellen.

Ernährung: Kalorien 512, Fett 14,3, Ballaststoffe 1,5, Kohlenhydrate 83,6, Protein 12,1

Himbeerpudding

Zubereitungszeit: 10 Minuten
Kochzeit: 24 Minuten
Portionen: 4

Zutaten:
- 1 Tasse Himbeeren
- 2 Teelöffel Kokosblütenzucker
- 3 Eier, geschlagen
- 1 Esslöffel Avocadoöl
- ½ Tasse Mandelmilch
- ½ Tasse Kokosmehl
- ¼ Tasse fettfreier Joghurt

Tipps:
1. In einer Schüssel die Himbeeren, den Zucker und die restlichen Zutaten außer Kochspray vermischen und gut vermischen.
2. Fetten Sie eine Puddingform mit Kochspray ein, fügen Sie die Himbeermischung hinzu, verteilen Sie sie, backen Sie sie 24 Minuten lang im 200 °C heißen Ofen, verteilen Sie sie auf Desserttellern und servieren Sie sie.

Ernährung: Kalorien 215, Fett 11,3, Ballaststoffe 3,4, Kohlenhydrate 21,3, Protein 6,7

Mandelriegel

Zubereitungszeit: 10 Minuten
Kochzeit: 30 Minuten
Portionen: 4

Zutaten:
- 1 Tasse Mandeln, zerstoßen
- 2 Eier, geschlagen
- ½ Tasse Mandelmilch
- 1 Teelöffel Vanilleextrakt
- 2/3 Tasse Kokosnusszucker
- 2 Tassen Vollkornmehl
- 1 Teelöffel Backpulver
- Kochspray

Tipps:
1. In einer Schüssel Mandeln, Eier und andere Zutaten außer Kochspray vermischen und gut vermischen.
2. Gießen Sie dies in eine mit Kochspray eingefettete quadratische Form, verteilen Sie es gut, backen Sie es 30 Minuten lang im Ofen, lassen Sie es abkühlen, schneiden Sie es in Riegel und servieren Sie es.

Ernährung: Kalorien 463, Fett 22,5, Ballaststoffe 11, Kohlenhydrate 54,4, Protein 16,9

Gebackene Pfirsichmischung

Zubereitungszeit: 10 Minuten
Kochzeit: 30 Minuten
Portionen: 4

Zutaten:
- 4 Pfirsiche, entkernt und halbiert
- 1 Esslöffel Kokosblütenzucker
- 1 Teelöffel Vanilleextrakt
- ¼ Teelöffel Zimtpulver
- 1 Esslöffel Avocadoöl

Tipps:
1. In einer Auflaufform Pfirsiche mit Zucker und den restlichen Zutaten vermischen, 30 Minuten bei 180 °C backen, abkühlen lassen und servieren.

Ernährung: Kalorien 91, Fett 0,8, Ballaststoffe 2,5, Kohlenhydrate 19,2, Protein 1,7

Nusskuchen

Zubereitungszeit: 10 Minuten
Kochzeit: 25 Minuten
Portionen: 8

Zutaten:
- 3 Tassen Mandelmehl
- 1 Tasse Kokosnusszucker
- 1 Esslöffel Vanilleextrakt
- ½ Tasse Walnüsse, gehackt
- 2 Teelöffel Backpulver
- 2 Tassen Kokosmilch
- ½ Tasse Kokosöl, geschmolzen

Tipps:
1. In einer Schüssel Mandelmehl, Zucker und die restlichen Zutaten vermischen, gut vermischen, in eine Kuchenform gießen, verteilen, in den auf 170 °C vorgeheizten Ofen stellen und 25 Minuten backen.
2. Den Kuchen abkühlen lassen, in Scheiben schneiden und servieren.

Ernährung: Kalorien 445, Fett 10, Ballaststoffe 6,5, Kohlenhydrate 31,4, Protein 23,5

Apfelkuchen

Zubereitungszeit: 10 Minuten
Kochzeit: 30 Minuten
Portionen: 4

Zutaten:

- 2 Tassen Mandelmehl
- 1 Teelöffel Backpulver
- 1 Teelöffel Backpulver
- ½ Teelöffel Zimtpulver
- 2 Esslöffel Kokosnusszucker
- 1 Tasse Mandelmilch
- 2 grüne Äpfel, entkernt, geschält und gehackt
- Kochspray

Tipps:

1. In einer Schüssel Mehl, Backpulver, Äpfel und andere Zutaten außer Kochspray vermischen und gut vermischen.
2. Gießen Sie dies in eine mit Kochspray eingefettete Kuchenform, verteilen Sie es gut, stellen Sie es in den Ofen und backen Sie es 30 Minuten lang bei 180 Grad Celsius.
3. Den Kuchen abkühlen lassen, anschneiden und servieren.

Ernährung: Kalorien 332, Fett 22,4, Ballaststoffe 9l,6, Kohlenhydrate 22,2, Protein 12,3

Zimtcreme

Zubereitungszeit: 2 Stunden
Kochzeit: 10 Minuten
Portionen: 4

Zutaten:
- 1 Tasse fettfreie Mandelmilch
- 1 Tasse Kokoscreme
- 2 Tassen Kokoszucker
- 2 Esslöffel Zimtpulver
- 1 Teelöffel Vanilleextrakt

Tipps:
1. Die Pfanne mit Mandelmilch bei mittlerer Hitze erhitzen, die restlichen Zutaten hinzufügen, vermischen und weitere 10 Minuten kochen lassen.
2. Die Mischung auf Schüsseln verteilen, abkühlen lassen und vor dem Servieren 2 Stunden lang in den Kühlschrank stellen.

Ernährung: Kalorien 254, Fett 7,5, Ballaststoffe 5, Kohlenhydrate 16,4, Protein 9,5

Cremige Erdbeermischung

Zubereitungszeit: 10 Minuten
Kochzeit: 0 Minuten
Portionen: 4

Zutaten:

- 1 Teelöffel Vanilleextrakt
- 2 Tassen Erdbeeren, gehackt
- 1 Teelöffel Kokosblütenzucker
- 8 Unzen fettfreier Joghurt

Tipps:

1. In einer Schüssel die Erdbeeren mit Vanille und den restlichen Zutaten vermengen, verrühren und kalt servieren.

Ernährung: Kalorien 343, Fett 13,4, Ballaststoffe 6, Kohlenhydrate 15,43, Protein 5,5

Brownie mit Nüssen und Vanille

Zubereitungszeit: 10 Minuten
Kochzeit: 25 Minuten
Portionen: 8

Zutaten:
- 1 Tasse Pekannüsse, gehackt
- 3 Esslöffel Kokosblütenzucker
- 2 Esslöffel Kakaopulver
- 3 Eier, geschlagen
- ¼ Tasse Kokosöl, geschmolzen
- ½ Teelöffel Backpulver
- 2 Teelöffel Vanilleextrakt
- Kochspray

Tipps:
1. In einer Küchenmaschine Pekannüsse, Kokosnusszucker und andere Zutaten außer Kochspray vermischen und gut zerkleinern.
2. Eine quadratische Pfanne mit Kochspray einfetten, Brownies-Mischung hinzufügen, verteilen, in den Ofen stellen, 25 Minuten bei 350 Grad F backen, zum Abkühlen beiseite stellen, in Scheiben schneiden und servieren.

Ernährung: Kalorien 370, Fett 14,3, Ballaststoffe 3, Kohlenhydrate 14,4, Protein 5,6

Erdbeerkuchen

Zubereitungszeit: 10 Minuten
Kochzeit: 25 Minuten
Portionen: 6

Zutaten:
- 2 Tassen Vollkornmehl
- 1 Tasse Erdbeeren, gehackt
- ½ Teelöffel Backpulver
- ½ Tasse Kokosnusszucker
- ¾ Tasse Kokosmilch
- ¼ Tasse Kokosöl, geschmolzen
- 2 Eier, geschlagen
- 1 Teelöffel Vanilleextrakt
- Kochspray

Tipps:
1. In einer Schüssel Mehl, Erdbeeren und andere Zutaten außer dem Koksspray vermischen und gut vermischen.
2. Fetten Sie eine Kuchenform mit Kochspray ein, gießen Sie den Teig hinein, verteilen Sie ihn, backen Sie ihn 25 Minuten lang bei 350 Grad Fahrenheit im Ofen, lassen Sie ihn abkühlen, schneiden Sie ihn in Scheiben und servieren Sie ihn.

Ernährung: Kalorien 465, Fett 22,1, Ballaststoffe 4, Kohlenhydrate 18,3, Protein 13,4

Kakaopudding

Zubereitungszeit: 10 Minuten
Kochzeit: 10 Minuten
Portionen: 4

Zutaten:

- 2 Esslöffel Kokosnusszucker
- 3 Esslöffel Kokosmehl
- 2 Esslöffel Kakaopulver
- 2 Tassen Mandelmilch
- 2 Eier, geschlagen
- ½ Teelöffel Vanilleextrakt

Tipps:

1. Die Milch in einen Topf gießen, Kakao und andere Zutaten dazugeben, verrühren, bei mittlerer Hitze 10 Minuten kochen, in kleine Tassen füllen und kalt servieren.

Ernährung: Kalorien 385, Fett 31,7, Ballaststoffe 5,7, Kohlenhydrate 21,6, Protein 7,3

Vanillecreme mit Muskatnuss

Zubereitungszeit: 10 Minuten
Kochzeit: 0 Minuten
Portionen: 6

Zutaten:
- 3 Tassen Magermilch
- 1 Teelöffel Muskatnuss, gemahlen
- 2 Teelöffel Vanilleextrakt
- 4 Teelöffel Kokosblütenzucker
- 1 Tasse Walnüsse, gehackt

Tipps:
1. In einer Schüssel Milch, Muskatnuss und die anderen Zutaten vermischen, gut vermischen, in kleine Tassen füllen und kalt servieren.

Ernährung: Kalorien 243, Fett 12,4, Ballaststoffe 1,5, Kohlenhydrate 21,1, Protein 9,7

Avocadocreme

Vorbereitungszeit:1 Stunde und 10 Minuten

Kochzeit: 0 Minuten
Portionen: 4

Zutaten:
- 2 Tassen Kokoscreme
- 2 Avocados, geschält, entkernt und püriert
- 2 Esslöffel Kokosnusszucker
- 1 Teelöffel Vanilleextrakt

Tipps:
1. In einem Mixer die Sahne mit der Avocado und den restlichen Zutaten vermischen, gut pürieren, in Tassen füllen und vor dem Servieren 1 Stunde lang in den Kühlschrank stellen.

Ernährung: Kalorien 532, Fett 48,2, Ballaststoffe 9,4, Kohlenhydrate 24,9, Protein 5,2

Himbeercreme

Zubereitungszeit: 10 Minuten
Kochzeit: 25 Minuten
Portionen: 4

Zutaten:
- 2 Esslöffel Mandelmehl
- 1 Tasse Kokoscreme
- 3 Tassen Himbeeren
- 1 Tasse Kokosnusszucker
- 8 Unzen fettarmer Frischkäse

Tipps:
1. In einer Schüssel das Mehl mit der Sahne und den restlichen Zutaten vermischen, in eine runde Pfanne geben, 25 Minuten bei 180 °C kochen, in Schüsseln verteilen und servieren.

Ernährung: Kalorien 429, Fett 36,3, Ballaststoffe 7,7, Kohlenhydrate 21,3, Protein 7,8

Wassermelonensalat

Zubereitungszeit: 4 Minuten
Kochzeit: 0 Minuten
Portionen: 4

Zutaten:
- 1 Tasse Wassermelone, geschält und gewürfelt
- 2 Äpfel, entkernt und in Würfel geschnitten
- 1 Esslöffel Kokoscreme
- 2 Bananen, in Stücke geschnitten

Tipps:
1. In einer Schüssel die Wassermelone mit den Äpfeln und den restlichen Zutaten vermengen, vermischen und servieren.

Ernährung: Kalorien 131, Fett 1,3, Ballaststoffe 4,5, Kohlenhydrate 31,9, Protein 1,3

Eine Mischung aus Kokosnussbirnen

Zubereitungszeit: 10 Minuten
Kochzeit: 10 Minuten
Portionen: 4

Zutaten:
- 2 Teelöffel Limettensaft
- ½ Tasse Kokoscreme
- ½ Tasse Kokosnuss, gehackt
- 4 Birnen, entkernt und in Würfel geschnitten
- 4 Esslöffel Kokosblütenzucker

Tipps:
1. In einer Pfanne die Birnen mit Limettensaft und den restlichen Zutaten vermischen, bei mittlerer Hitze zum Kochen bringen und 10 Minuten kochen lassen.
2. Auf Schüsseln verteilen und kalt servieren.

Ernährung: Kalorien 320, Fett 7,8, Ballaststoffe 3, Kohlenhydrate 6,4, Protein 4,7

Apfelsaft

Zubereitungszeit: 10 Minuten
Kochzeit: 15 Minuten
Portionen: 4

Zutaten:
- 5 Esslöffel Kokosblütenzucker
- 2 Tassen Orangensaft
- 4 Äpfel, entkernt und in Würfel geschnitten

Tipps:
1. Äpfel mit Zucker und Orangensaft in einen Topf geben, vermischen, bei mittlerer Hitze zum Kochen bringen, 15 Minuten kochen lassen, auf Schüsseln verteilen und kalt servieren.

Ernährung: Kalorien 220, Fett 5,2, Ballaststoffe 3, Kohlenhydrate 5,6, Protein 5,6

Aprikosengulasch

Zubereitungszeit: 10 Minuten
Kochzeit: 15 Minuten
Portionen: 4

Zutaten:
- 2 Tassen Aprikosen, halbiert
- 2 Tassen Wasser
- 2 Esslöffel Kokosnusszucker
- 2 Esslöffel Zitronensaft

Tipps:
1. In einem Topf die Aprikosen mit Wasser und den restlichen Zutaten vermischen, bei mittlerer Hitze 15 Minuten kochen, in Schüsseln verteilen und servieren.

Ernährung: Kalorien 260, Fett 6,2, Ballaststoffe 4,2, Kohlenhydrate 5,6, Protein 6

Zitronen-Cantaloupe-Mischung

Zubereitungszeit: 10 Minuten
Kochzeit: 10 Minuten
Portionen: 4

Zutaten:

- 2 Tassen Melone, geschält und grob gewürfelt
- 4 Esslöffel Kokosblütenzucker
- 2 Teelöffel Vanilleextrakt
- 2 Teelöffel Zitronensaft

Tipps:

1. In einer kleinen Pfanne die Cantaloupe-Melone mit dem Zucker und den restlichen Zutaten vermischen, bei mittlerer Hitze erhitzen, etwa 10 Minuten kochen lassen, auf Schüsseln verteilen und kalt servieren.

Ernährung: Kalorien 140, Fett 4, Ballaststoffe 3,4, Kohlenhydrate 6,7, Protein 5

Cremige Rhabarbercreme

Zubereitungszeit: 10 Minuten
Kochzeit: 14 Minuten
Portionen: 4

Zutaten:
- 1/3 Tasse fettarmer Frischkäse
- ½ Tasse Kokoscreme
- 2 Pfund Rhabarber, grob gehackt
- 3 Esslöffel Kokosblütenzucker

Tipps:
1. In einem Mixer Frischkäse, Sauerrahm und andere Zutaten vermischen und gut pürieren.
2. In kleine Tassen aufteilen, in den Ofen stellen und 14 Minuten bei 350 Grad F backen.
3. Kalt servieren.

Ernährung: Kalorien 360, Fett 14,3, Ballaststoffe 4,4, Kohlenhydrate 5,8, Protein 5,2

Ananasschalen

Zubereitungszeit: 10 Minuten
Kochzeit: 0 Minuten
Portionen: 4

Zutaten:
- 3 Tassen Ananas, geschält und gewürfelt
- 1 Teelöffel Chiasamen
- 1 Tasse Kokoscreme
- 1 Teelöffel Vanilleextrakt
- 1 Esslöffel gehackte Minze

Tipps:
1. In einer Schüssel die Ananas mit der Sahne und den restlichen Zutaten vermischen, vermischen, in kleinere Schüsseln teilen und vor dem Servieren 10 Minuten in den Kühlschrank stellen.

Ernährung: Kalorien 238, Fett 16,6, Ballaststoffe 5,6, Kohlenhydrate 22,8, Protein 3,3

Blaubeereintopf

Zubereitungszeit: 10 Minuten
Kochzeit: 10 Minuten
Portionen: 4

Zutaten:
- 2 Esslöffel Zitronensaft
- 1 Tasse Wasser
- 3 Esslöffel Kokosblütenzucker
- 12 Unzen Blaubeeren

Tipps:
1. In einer Pfanne die Beeren mit dem Zucker und den restlichen Zutaten vermischen, leicht aufkochen und bei mittlerer Hitze 10 Minuten kochen lassen.
2. Auf Schüsseln verteilen und servieren.

Ernährung: Kalorien 122, Fett 0,4, Ballaststoffe 2,1, Kohlenhydrate 26,7, Protein 1,5

Limettenpudding

Zubereitungszeit: 10 Minuten
Kochzeit: 15 Minuten
Portionen: 4

Zutaten:

- 2 Tassen Kokoscreme
- Saft von 1 Limette
- Schale von 1 Limette, gerieben
- 3 Esslöffel Kokosöl, geschmolzen
- 1 Ei, geschlagen
- 1 Teelöffel Backpulver

Tipps:

1. In einer Schüssel Sahne, Limettensaft und die restlichen Zutaten vermischen und gut vermischen.
2. In kleine Auflaufförmchen teilen, in den Ofen stellen und 15 Minuten bei 180 °C backen.
3. Den Pudding kalt servieren.

Ernährung: Kalorien 385, Fett 39,9, Ballaststoffe 2,7, Kohlenhydrate 8,2, Protein 4,2

Pfirsichcreme

Zubereitungszeit: 10 Minuten
Kochzeit: 0 Minuten
Portionen: 4

Zutaten:

- 3 Tassen Kokoscreme
- 2 Pfirsiche, entkernen und hacken
- 1 Teelöffel Vanilleextrakt
- ½ Tasse Mandeln, gehackt

Tipps:

1. Sahne und restliche Zutaten in einem Mixer vermischen, gut pürieren, in kleine Schälchen verteilen und kalt servieren.

Ernährung: Kalorien 261, Fett 13, Ballaststoffe 5,6, Kohlenhydrate 7, Protein 5,4

Zimt-Pflaumen-Mischung

Zubereitungszeit: 10 Minuten
Kochzeit: 15 Minuten
Portionen: 4

Zutaten:
- 1 Pfund Pflaumen, entkernt und halbiert
- 2 Esslöffel Kokosnusszucker
- ½ Teelöffel Zimtpulver
- 1 Tasse Wasser

Tipps:
1. In einer Pfanne die Pflaumen mit dem Zucker und den restlichen Zutaten vermischen, zum Kochen bringen und bei mittlerer Hitze 15 Minuten kochen lassen.
2. Auf Schüsseln verteilen und kalt servieren.

Ernährung: Kalorien 142, Fett 4, Ballaststoffe 2,4, Kohlenhydrate 14, Protein 7

Chia-Äpfel und Vanille

Zubereitungszeit: 10 Minuten
Kochzeit: 10 Minuten
Portionen: 4

Zutaten:

- 2 Tassen Äpfel, entkernt und in Spalten geschnitten
- 2 Esslöffel Chiasamen
- 1 Teelöffel Vanilleextrakt
- 2 Tassen natürlich ungesüßter Apfelsaft

Tipps:

1. In einem kleinen Topf Äpfel mit Chiasamen und anderen Zutaten vermischen, bei mittlerer Hitze 10 Minuten kochen, auf Schüsseln verteilen und kalt servieren.

Ernährung: Kalorien 172, Fett 5,6, Ballaststoffe 3,5, Kohlenhydrate 10, Protein 4,4

Reis- und Birnenpudding

Zubereitungszeit: 10 Minuten
Kochzeit: 25 Minuten
Portionen: 4

Zutaten:
- 6 Gläser Wasser
- 1 Tasse Kokosnusszucker
- 2 Tassen schwarzer Reis
- 2 Birnen, entkernt und in Würfel geschnitten
- 2 Teelöffel Zimtpulver

Tipps:
1. Wasser in den Topf gießen, bei mittlerer Hitze erhitzen, Reis, Zucker und andere Zutaten hinzufügen, vermischen, zum Kochen bringen, Hitze auf mittlere Stufe reduzieren und 25 Minuten köcheln lassen.
2. Auf Schüsseln verteilen und kalt servieren.

Ernährung: Kalorien 290, Fett 13,4, Ballaststoffe 4, Kohlenhydrate 13,20, Protein 6,7

Rhabarbergulasch

Zubereitungszeit: 10 Minuten
Kochzeit: 15 Minuten
Portionen: 4

Zutaten:
- 2 Tassen Rhabarber, grob gehackt
- 3 Esslöffel Kokosblütenzucker
- 1 Teelöffel Mandelextrakt
- 2 Tassen Wasser

Tipps:
1. Den Rhabarber mit den restlichen Zutaten in einen Topf geben, vermischen, bei mittlerer Hitze zum Kochen bringen, 15 Minuten kochen lassen, auf Schüsseln verteilen und kalt servieren.

Ernährung: Kalorien 142, Fett 4,1, Ballaststoffe 4,2, Kohlenhydrate 7, Protein 4

Rhabarbercreme

Zubereitungszeit: 1 Stunde
Kochzeit: 10 Minuten
Portionen: 4

Zutaten:
- 2 Tassen Kokoscreme
- 1 Tasse Rhabarber, gehackt
- 3 Eier, geschlagen
- 3 Esslöffel Kokosblütenzucker
- 1 Esslöffel Limettensaft

Tipps:
1. In einem kleinen Topf Sahne, Rhabarber und die restlichen Zutaten vermischen, gut vermischen, 10 Minuten bei mittlerer Hitze kochen, mit einem Stabmixer pürieren, in Schüsseln füllen und vor dem Servieren 1 Stunde im Kühlschrank lagern.

Ernährung: Kalorien 230, Fett 8,4, Ballaststoffe 2,4, Kohlenhydrate 7,8, Protein 6

Blaubeersalat

Zubereitungszeit: 5 Minuten
Kochzeit: 0 Minuten
Portionen: 4

Zutaten:
- 2 Tassen Blaubeeren
- 3 Esslöffel Minze, gehackt
- 1 Birne, entkernt und gewürfelt
- 1 Apfel, entkernt und gewürfelt
- 1 Esslöffel Kokosblütenzucker

Tipps:
1. Die Beeren mit der Minze und den restlichen Zutaten in einer Schüssel vermischen, vermischen und kalt servieren.

Ernährung: Kalorien 150, Fett 2,4, Ballaststoffe 4, Kohlenhydrate 6,8, Protein 6

Datteln und Bananencreme

Zubereitungszeit: 5 Minuten
Kochzeit: 0 Minuten
Portionen: 4

Zutaten:

- 1 Tasse Mandelmilch
- 1 Banane, geschält und in Scheiben geschnitten
- 1 Teelöffel Vanilleextrakt
- ½ Tasse Kokoscreme
- Datteln, gehackt

Tipps:

1. In einem Mixer die Datteln mit der Banane und den restlichen Zutaten vermischen, gut pürieren, in kleine Tassen aufteilen und kalt servieren.

Ernährung: Kalorien 271, Fett 21,6, Ballaststoffe 3,8, Kohlenhydrate 21,2, Protein 2,7

Pflaumenmuffins

Zubereitungszeit: 10 Minuten
Kochzeit: 25 Minuten
Portionen: 12

Zutaten:
- 3 Esslöffel Kokosöl, geschmolzen
- ½ Tasse Mandelmilch
- 4 Eier, geschlagen
- 1 Teelöffel Vanilleextrakt
- 1 Tasse Mandelmehl
- 2 Teelöffel Zimtpulver
- ½ Teelöffel Backpulver
- 1 Tasse Pflaumen, entkernt und gehackt

Tipps:
1. In einer Schüssel Kokosöl, Mandelmilch und die restlichen Zutaten vermischen und gut vermischen.
2. In eine Muffinform füllen, in den auf 180 °C vorgeheizten Ofen stellen und 25 Minuten backen.
3. Die Muffins kalt servieren.

Ernährung: Kalorien 270, Fett 3,4, Ballaststoffe 4,4, Kohlenhydrate 12, Protein 5

Schalen mit Pflaumen und Rosinen

Zubereitungszeit: 10 Minuten
Kochzeit: 20 Minuten
Portionen: 4

Zutaten:
- ½ Pfund Pflaumen, entkernt und halbiert
- 2 Esslöffel Kokosnusszucker
- 4 Esslöffel Rosinen
- 1 Teelöffel Vanilleextrakt
- 1 Tasse Kokoscreme

Tipps:
1. In einer Pfanne die Pflaumen mit dem Zucker und den restlichen Zutaten vermischen, zum Kochen bringen und bei mittlerer Hitze 20 Minuten kochen lassen.
2. Auf Schüsseln verteilen und servieren.

Ernährung: Kalorien 219, Fett 14,4, Ballaststoffe 1,8, Kohlenhydrate 21,1, Protein 2,2

Sonnenblumenkernriegel

Zubereitungszeit: 10 Minuten
Kochzeit: 20 Minuten
Portionen: 6

Zutaten:
- 1 Tasse Kokosmehl
- ½ Teelöffel Backpulver
- 1 Esslöffel Leinsamen
- 3 Esslöffel Mandelmilch
- 1 Tasse Sonnenblumenkerne
- 2 Esslöffel Kokosöl, geschmolzen
- 1 Teelöffel Vanilleextrakt

Tipps:
1. In einer Schüssel Mehl, Backpulver und die restlichen Zutaten vermischen, gut vermischen, auf einem Backblech verteilen, gut andrücken, 20 Minuten im Ofen bei 350 Grad F backen, zum Abkühlen beiseite stellen, in Riegel schneiden und servieren.

Ernährung: Kalorien 189, Fett 12,6, Ballaststoffe 9,2, Kohlenhydrate 15,7, Protein 4,7

Schalen mit Brombeeren und Cashewnüssen

Zubereitungszeit: 10 Minuten
Kochzeit: 0 Minuten
Portionen: 4
Zutaten:

- 1 Tasse Cashewnüsse
- 2 Tassen Brombeeren
- ¾ Tasse Kokoscreme
- 1 Teelöffel Vanilleextrakt
- 1 Esslöffel Kokosblütenzucker

Tipps:

1. In einer Schüssel die Cashewnüsse mit den Blaubeeren und den restlichen Zutaten vermengen, vermischen, in kleine Schälchen verteilen und servieren.

Ernährung: Kalorien 230, Fett 4, Ballaststoffe 3,4, Kohlenhydrate 12,3, Protein 8

Orangen- und Mandarinenschalen

Zubereitungszeit: 4 Minuten
Kochzeit: 8 Minuten
Portionen: 4

Zutaten:

- 4 Orangen, geschält und in Stücke geschnitten
- 2 Mandarinen, geschält und in Stücke geschnitten
- Saft von 1 Limette
- 2 Esslöffel Kokosnusszucker
- 1 Tasse Wasser

Tipps:

1. In einer Pfanne die Orangen mit den Mandarinen und den restlichen Zutaten vermischen, zum Kochen bringen und bei mittlerer Hitze 8 Minuten kochen lassen.
2. Auf Schüsseln verteilen und kalt servieren.

Ernährung: Kalorien 170, Fett 2,3, Ballaststoffe 2,3, Kohlenhydrate 11, Protein 3,4

Kürbiscreme

Zubereitungszeit: 2 Stunden
Kochzeit: 0 Minuten
Portionen: 4

Zutaten:
- 2 Tassen Kokoscreme
- 1 Tasse Kürbispüree
- 14 Unzen Kokoscreme
- 3 Esslöffel Kokosblütenzucker

Tipps:
1. In einer Schüssel die Sahne mit dem Kürbispüree und den restlichen Zutaten vermischen, gut vermischen, in kleine Schüsseln füllen und vor dem Servieren 2 Stunden in den Kühlschrank stellen.

Ernährung: Kalorien 350, Fett 12,3, Ballaststoffe 3, Kohlenhydrate 11,7, Protein 6

Eine Mischung aus Feigen und Rhabarber

Zubereitungszeit: 6 Minuten
Kochzeit: 14 Minuten
Portionen: 4

Zutaten:
- 2 Esslöffel Kokosöl, geschmolzen
- 1 Tasse Rhabarber, grob gehackt
- 12 Feigen, halbiert
- ¼ Tasse Kokosnusszucker
- 1 Tasse Wasser

Tipps:
1. Eine Pfanne mit Öl bei mittlerer Hitze erhitzen, Feigen und die restlichen Zutaten hinzufügen, vermischen, 14 Minuten kochen lassen, in kleine Tassen füllen und kalt servieren.

Ernährung: Kalorien 213, Fett 7,4, Ballaststoffe 6,1, Kohlenhydrate 39, Protein 2,2

Würzige Banane

Zubereitungszeit: 4 Minuten
Kochzeit: 15 Minuten
Portionen: 4

Zutaten:
- 4 Bananen, geschält und halbiert
- 1 Teelöffel Muskatnuss, gemahlen
- 1 Teelöffel Zimtpulver
- Saft von 1 Limette
- 4 Esslöffel Kokosblütenzucker

Tipps:
1. Legen Sie die Bananen auf das Backblech, fügen Sie Muskatnuss und die restlichen Zutaten hinzu und backen Sie sie 15 Minuten lang bei 350 Grad F.
2. Die gebackenen Bananen auf Teller verteilen und servieren.

Ernährung: Kalorien 206, Fett 0,6, Ballaststoffe 3,2, Kohlenhydrate 47,1, Protein 2,4

Kakao-Smoothie

Zubereitungszeit: 5 Minuten
Kochzeit: 0 Minuten
Portionen: 2

Zutaten:

- 2 Teelöffel Kakaopulver
- 1 Avocado, kernlos, geschält und zerdrückt
- 1 Tasse Mandelmilch
- 1 Tasse Kokoscreme

Tipps:

1. In einem Mixer Mandelmilch mit Sahne und anderen Zutaten vermischen, gut pürieren, in Tassen füllen und kalt servieren.

Ernährung: Kalorien 155, Fett 12,3, Ballaststoffe 4, Kohlenhydrate 8,6, Protein 5

Bananenriegel

Zubereitungszeit: 30 Minuten

Kochzeit: 0 Minuten

Portionen: 4

Zutaten:

- 1 Tasse Kokosöl, geschmolzen
- 2 Bananen, geschält und in Scheiben geschnitten
- 1 Avocado, geschält, entkernt und zerdrückt
- ½ Tasse Kokosnusszucker
- ¼ Tasse Limettensaft
- 1 Teelöffel abgeriebene Zitronenschale
- Kochspray

Tipps:

1. In einer Küchenmaschine Bananen mit Öl und anderen Zutaten außer Kochspray vermischen und gut zerkleinern.
2. Fetten Sie die Pfanne mit Kochspray ein, gießen Sie die Bananenmischung hinein und verteilen Sie sie, verteilen Sie sie, stellen Sie sie 30 Minuten lang in den Kühlschrank, schneiden Sie sie in Riegel und servieren Sie sie.

Ernährung: Kalorien 639, Fett 64,6, Ballaststoffe 4,9, Kohlenhydrate 20,5, Protein 1,7

Riegel mit grünem Tee und Datteln

Zubereitungszeit: 10 Minuten
Kochzeit: 30 Minuten
Portionen: 8

Zutaten:
- 2 Esslöffel Grüntee-Pulver
- 2 Tassen Kokosmilch, erwärmt
- ½ Tasse Kokosöl, geschmolzen
- 2 Tassen Kokoszucker
- 4 Eier, geschlagen
- 2 Teelöffel Vanilleextrakt
- 3 Tassen Mandelmehl
- 1 Teelöffel Backpulver
- 2 Löffel Backpulver

Tipps:
1. In einer Schüssel Kokosmilch, Grüntee-Pulver und die restlichen Zutaten vermischen, gut vermischen, in eine quadratische Pfanne gießen, verteilen, in den Ofen stellen, 30 Minuten bei 350 Grad F backen, abkühlen lassen, in Riegel schneiden und servieren.

Ernährung: Kalorien 560, Fett 22,3, Ballaststoffe 4, Kohlenhydrate 12,8, Protein 22,1

Haselnusscreme

Zubereitungszeit: 2 Stunden
Kochzeit: 0 Minuten
Portionen: 4

Zutaten:
- 2 Tassen Mandelmilch
- ½ Tasse Kokoscreme
- ½ Tasse Walnüsse, gehackt
- 3 Esslöffel Kokosblütenzucker
- 1 Teelöffel Vanilleextrakt

Tipps:
1. In einer Schüssel Mandelmilch mit Sahne und anderen Zutaten vermischen, gut vermischen, in Tassen füllen und vor dem Servieren 2 Stunden in den Kühlschrank stellen.

Ernährung: Kalorien 170, Fett 12,4, Ballaststoffe 3, Kohlenhydrate 12,8, Protein 4

Zitronenkuchen

Zubereitungszeit: 10 Minuten
Kochzeit: 35 Minuten
Portionen: 6

Zutaten:
- 2 Tassen Vollkornmehl
- 1 Teelöffel Backpulver
- 2 Esslöffel Kokosöl, geschmolzen
- 1 Ei, geschlagen
- 3 Esslöffel Kokosblütenzucker
- 1 Tasse Mandelmilch
- Abgeriebene Schale von 1 Zitrone
- Saft von 1 Zitrone

Tipps:
1. In einer Schüssel Mehl, Öl und die restlichen Zutaten vermischen, gut vermischen, in eine Kuchenform geben und 35 Minuten bei 180 °C backen.
2. Aufschneiden und kalt servieren.

Ernährung: Kalorien 222, Fett 12,5, Ballaststoffe 6,2, Kohlenhydrate 7, Protein 17,4

Rosinenriegel

Zubereitungszeit: 10 Minuten
Kochzeit: 25 Minuten
Portionen: 6

Zutaten:
- 1 Teelöffel Zimtpulver
- 2 Tassen Mandelmehl
- 1 Teelöffel Backpulver
- ½ Teelöffel Muskatnuss, gemahlen
- 1 Tasse Kokosöl, geschmolzen
- 1 Tasse Kokosnusszucker
- 1 Ei, geschlagen
- 1 Tasse Rosinen

Tipps:
1. In einer Schüssel Mehl, Zimt und die restlichen Zutaten vermischen, gut vermischen, auf ein mit Backpapier ausgelegtes Backblech legen, in den Ofen stellen, 25 Minuten bei 180 °C backen, in Riegel schneiden und kalt servieren.

Ernährung: Kalorien 274, Fett 12, Ballaststoffe 5,2, Kohlenhydrate 14,5, Protein 7

www.ingramcontent.com/pod-product-compliance
Lightning Source LLC
Chambersburg PA
CBHW071336110526
44591CB00010B/1173